Je démarre mon potager bio

Depuis 1979, la Scop **Terre vivante** vous fait partager ses expériences en matière d'écologie pratique : jardinage bio, habitat écologique, alimentation saine, bien-être... à travers :

- l'édition de livres pratiques ;
- le magazine *Les 4 Saisons du jardin bio* ;
- un Centre écologique proposant des stages pratiques ;
- un portail internet, www.terrevivante.org

Le catalogue des ouvrages publiés par **Terre vivante** est disponible sur simple demande et sur internet.

Terre vivante,
domaine de Raud, 38710 Mens.
Tél. : 04 76 34 80 80.
Fax : 04 76 34 84 02.
Email : info@terrevivante.org
www.terrevivante.org

Du livre à la pratique : participez aux stages de jardinage bio au Centre Terre vivante.

Renseignements sur : www.terrevivante.org

Création graphique : CrumbleShop.com
Coordination éditoriale : Aude Cortot
Photogravure : Trium
Illustration : Frédéric Claveau

ISBN : 978-2-36098-057-4
ISSN : 2108-9515

Facile & bio

Je démarre mon potager bio

Texte
Jean-Paul Thorez
Photographies
Sandra Lefrançois

terre vivante

Sommaire

Chou
Bruxelles

Avant-propos

Faire un potager est toujours une aventure. Même le jardinier le plus expérimenté ne peut pas tout anticiper. Le temps qu'il fait, le temps qui manque… Il y a toujours des raisons pour ne pas faire ce qu'il faut au bon moment, et donc s'exposer à un échec. Alors, démarrer un potager bio serait-il une folie ?

Si autant de débutants s'y mettent, c'est parce que l'aventure d'un potager bio mérite toujours d'être vécue. En chacune ou chacun de nous sommeille une paysanne ou un paysan qui, quel que soit son mode de vie, brûle de plonger les mains dans la terre, de récolter ses propres légumes.

C'est d'abord une satisfaction personnelle que d'apprendre à produire une partie de sa nourriture et de celle que l'on donne à ses enfants. C'est valorisant, car le jardinage suppose des efforts, l'acquisition de connaissances, de savoir-faire. La volonté de « faire du bio », la conviction écologique, aussi estimables soient-elles, sont de peu d'utilité si l'on ne sait pas semer ou si l'on ne choisit pas la bonne variété ! L'enthousiasme s'éteint vite si l'on produit trop de tel ou tel légume, sans savoir le conserver. Pire : si la récolte tombe pendant une période d'absence !

Un potager, même petit mais bien géré – c'est l'objet du présent livre –, est une source d'économies, compte tenu du prix des légumes dans le commerce. Il offre des produits qui, même s'ils ne sont pas calibrés comme ceux du supermarché, sont frais, savoureux, indemnes de résidus de produits de traitements. Sur le plan pratique, les légumes « faits maison » ont l'avantage d'être à portée de la main.

Dans son potager, on ne trouve pas les légumes de tout le monde : où trouverez-vous ailleurs la tomate 'Ananas', à la fois rouge et orange, la pomme de terre violette, l'agastache (herbe aromatique) ou l'arroche (sorte d'épinard) ?

Avec un potager, on découvre – ou redécouvre – les saisons, les cycles naturels, le fonctionnement de la nature. C'est essentiel dans une société de plus en plus urbaine. Vos enfants en bénéficieront, grâce à vous.

Enfin, le potager devient un nouvel espace de vie, où l'on prend du bon temps. On y exprime sa créativité en cultivant l'esthétique : faire grimper des haricots sur des tipis originaux, faire pousser des tomates de toutes les couleurs, masquer la citerne avec une plante grimpante, mélanger fleurs et légumes dans le même espace, dessiner des plates-bandes et des allées…

Introduction

Les règles d'or du potager

On peut jardiner «avec la lune», «sur buttes». On peut être inconditionnel des variétés anciennes, ou, au contraire, des modernes. On a la possibilité de cultiver un potager avec allées ou sans allées, des parcelles rondes ou rectangulaires, voire en «spirale». Bref, il est possible de jardiner selon sa fantaisie. Mais si l'on veut mettre toutes les chances de son côté, il faut absolument respecter trois règles.

1 - Je respecte le calendrier de chaque plante

Semez ou plantez la bonne variété à la bonne date : impossible de réussir sans respecter cette règle élémentaire. En effet, les variétés (voir encadré page 11) se distinguent les unes des autres non seulement par la forme, la couleur, le goût ou la taille des produits, mais aussi par leur vitesse de croissance ou leur adaptation à telle ou telle saison, tel ou tel climat. Souvent, les conseils donnés sur les sachets de graines ou les étiquettes des plants sont trop imprécis. Ils sont à l'origine de nombreux échecs, tout comme les semis et plantations à l'aveuglette.

Référez-vous aux fiches légumes du présent livre, ou bien à un manuel ou un catalogue de référence. Vous saurez ainsi qu'il y a des laitues pour chacune des quatre saisons, qu'il y a un risque à planter des tomates en pleine terre avant une certaine date, qu'on ne plante pas le même chou-fleur en Bretagne et dans le Nord.

Certaines variétés ont besoin de chaleur, d'autres apprécient la fraîcheur, d'autres encore redoutent le gel... Pour mettre toutes les chances de votre côté, apprenez à tenir compte des particularités de votre climat.

La partie nord-est de la France se caractérise par des hivers rigoureux et des étés souvent frais. La partie sud-ouest bénéficie d'hivers relativement doux et d'étés chauds.

Nord-Est de la France et montagnes
Sud-Ouest de la France

La répartition géographique des zones est volontairement simplifiée. Elle correspond non pas à une unité de climat, mais à deux critères principaux croisés pour les besoins des conseils donnés dans cet ouvrage :

- les températures estivales pour la maturation des légumes nécessitant de la chaleur ;
- l'isotherme de janvier pour les légumes qui passent l'hiver dehors.

Qu'est-ce qu'une variété ?

Une variété est une sorte précise de légume qui bénéficie d'un nom propre. Exemples : dans l'espèce « pomme de terre », il existe des variétés comme 'Amandine' ou 'Désirée'. Dans l'espèce « potiron », nous avons les variétés 'Rouge vif d'Étampes', 'Red Kuri', 'Potimarron', etc. Les noms de variétés anciennes sont souvent descriptifs. Exemples : poireau 'Monstrueux de Carentan', laitue 'Grosse blonde paresseuse', navet 'Rouge plat hâtif à feuille entière'. Les noms de variétés récentes répondent à l'interdiction de faire de la publicité comparative ! Ils sont donc neutres : mâche 'Pulsar', haricot 'Castandel', etc.

	Nord-Est de la France		Sud-Ouest de la France	
	Je sème	**Je plante**	**Je sème**	**Je plante**
Janvier				
Février		• Oignon • Rhubarbe	• Cerfeuil • Pois • Tomate	• Oignon • Rhubarbe
Mars	• Fleurs annuelles • Cerfeuil • Chou d'été ou d'automne • Laitue • Poireau • Pois • Radis • Tomate (sous abri)	• Fleurs vivaces • Fraisier remontant • Laitue • Menthe • Oignon • Rhubarbe • Thym	• Fleurs annuelles • Cerfeuil • Chou d'été ou d'automne • Concombre (sous abri) • Courgette (sous abri) • Poireau • Pois • Potiron (sous abri) • Radis	• Fleurs vivaces • Fraisier remontant • Laitue • Menthe • Oignon • Pomme de terre • Rhubarbe • Thym
Avril	• Fleurs annuelles • Cerfeuil • Chou d'été ou d'automne • Concombre (sous abri) • Courgette (sous abri) • Laitue • Pois • Potiron (sous abri) • Radis	• Laitue • Menthe • Pomme de terre • Thym	• Fleurs annuelles • Cerfeuil • Chou d'été ou d'automne • Concombre • Courgette • Haricot • Potiron • Radis	• Concombre • Courgette • Laitue • Menthe • Thym • Tomate
Mai	• Cerfeuil • Chou d'été ou d'automne • Chou d'hiver • Concombre • Courgette • Haricot • Laitue • Maïs doux • Potiron • Radis	• Chou d'été ou d'automne • Concombre • Courgette • Menthe • Potiron • Thym • Tomate	• Cerfeuil • Chou d'été ou d'automne • Chou d'hiver • Haricot Laitue • Maïs doux • Potiron • Radis	• Concombre • Courgette • Laitue • Menthe • Potiron • Thym
Juin	• Carotte • Chou d'hiver • Courgette • Haricot • Laitue • Radis	• Chou d'été ou d'automne • Courgette • Laitue • Poireau	• Carotte • Cerfeuil • Chou d'hiver • Courgette • Haricot • Laitue • Radis	• Chou d'été ou d'automne • Courgette • Laitue • Poireau
Juillet	• Cerfeuil • Engrais vert • Laitue • Mâche • Radis	• Chou d'été ou d'automne • Chou d'hiver • Fraisier • Laitue • Poireau	• Cerfeuil • Engrais vert • Haricot • Laitue • Mâche • Radis	• Chou d'été ou d'automne • Chou d'hiver • Laitue • Poireau
Août	• Cerfeuil • Chou de printemps • Engrais vert • Mâche • Radis	• Chou d'hiver • Fraisier • Laitue	• Cerfeuil • Chou de printemps • Engrais vert • Laitue • Mâche • Radis	• Chou d'hiver • Fraisier • Laitue
Septembre	• Chou de printemps • Mâche	• Fraisier	• Cerfeuil • Chou de printemps • Engrais vert • Mâche • Radis	• Fraisier
Octobre	• Fève	• Fleurs vivaces • Fraisier	• Fève • Pois	• Fleurs vivaces • Fraisier
Novembre		• Chou de printemps	• Fève • Pois	• Chou de printemps
Décembre				

2 - Je tiens compte de mon environnement

En France, sols et climats sont très divers. Il est donc quasi impossible de rendre compte de cette diversité dans le cadre d'un livre. Observez les jardins du voisinage, notez ce qui y pousse et à quelle époque. N'hésitez pas à demander conseil à des jardiniers plus expérimentés. Participez à des réunions, formations, conférences, visites, fêtes des jardins, etc. Les jardins ouvriers ou familiaux sont aussi d'excellents moyens de mieux connaître les façons de jardiner propres à votre localité.

3 - Je respecte mon sol

Ne travaillez la terre que si elle est suffisamment sèche pour ne pas coller aux outils. Mais trop sèche elle sera dure ! Ne vous précipitez pas : en général, vous gagnerez du temps en sachant attendre, car une plante semée ou plantée dans un sol préparé dans de bonnes conditions poussera mieux et plus vite.

L'échange de plantes permet de découvrir à bon compte de nouvelles variétés.

Vous apprendrez vite à choisir le bon moment.

Je prépare et entretiens le terrain

- Le bon emplacement
- La bonne surface
- Les bons outils
- Les étapes de la préparation
- Quelques erreurs à éviter
- De l'eau de pluie pour arroser

Choisissez un endroit bien exposé.

Potager en carrés : commencez petit.

20 m² permettent déjà une belle diversité de plantes.

À partir de 50 m², vous pourrez envisager des cultures « encombrantes ».

Le bon emplacement

Choisissez l'endroit de votre terrain le plus plat, le mieux exposé au soleil et le plus abrité du vent – c'est le plus important, car cela ne se corrige pas – et où la terre semble facile à travailler, sans trop de cailloux !
Dans le choix de l'emplacement de votre potager, évitez dans la mesure du possible :

- la proximité de grands arbres, qui font de l'ombre et dont les racines assèchent le sol jusqu'à plus de 10 m du tronc ;
- une pente – même légère – orientée au nord si vous êtes dans une région fraîche (partie nord-est) : le réchauffement printanier y sera plus lent, au détriment de vos cultures ;
- et si vous héritez d'une terre chamboulée par un récent chantier, lancez-vous tout de même. Vous l'améliorerez au fil des années grâce aux conseils donnés dans ce livre !

La bonne surface

Cela dépend, bien sûr, de la taille de votre jardin, mais aussi du temps et de l'énergie que vous pourrez consacrer à votre potager. Commencez petit. Si votre potager est trop grand, vous risquez d'être débordé par le développement des « mauvaises herbes » ! Il sera toujours temps de l'agrandir si vous êtes frustré(e) de ne pas y faire pousser tout ce que vous souhaitez !

Si vous disposez de :

- 10 m^2 : herbes aromatiques, quelques laitues, tomates et radis, un pied de courgette ;
- 20 m^2 : ajoutez oignon, échalote, fraisier, haricot vert nain ;
- 50 m^2 : ajoutez ail, carotte, betterave, chou, potiron, salades diverses et variées ;
- 100 m^2 : ajoutez pomme de terre, haricot vert grimpant, poireau, pois ;
- 200 m^2 : ajoutez artichaut, céleri, courges diverses ;
- 300 m^2 et plus : ajoutez asperge et tous les autres légumes...

Les bons outils

Un petit jardin peut être travaillé « à la main », sans motoculteur, avec les outils appropriés !

La houe

Cet outil sert à décaper la végétation présente sur le terrain avant la mise en culture, tout en ameublissant la surface du sol. Il coupe, grâce à l'élan que vous donnez à la lame. Celle-ci doit être affûtée régulièrement à l'aide d'une lime. Une houe émoussée rend le travail inefficace et pénible.

La biobêche

Cet outil porte d'autres noms, suivant le modèle et le fabricant : biofourche, grelinette, biogriffe, fourche à bêcher, etc. Elle est conçue pour rendre le travail de la terre efficace, ergonomique et respectueux de la biologie. Cela la distingue de la bêche traditionnelle. Elle permet au jardinier de travailler en reculant et sans avoir à soulever la terre.

Conseil

Comme il existe différents modèles de biobêche, essayez avant d'acheter, ou demandez le conseil d'un jardinier averti, car l'investissement est conséquent.

Le croc à fumier

Destiné à la manutention du fumier à l'origine, cet outil à dents s'avère indispensable au jardin pour émietter et niveler la terre après le bêchage. Si la terre est très meuble, le croc peut très bien remplacer la bêche dans la préparation du terrain.

Nettoyez la lame de la houe après usage.

La biobêche ne retourne pas la terre, elle l'émiette.

Le croc peut remplacer la bêche.

Râteau : veillez à ce que son manche soit long.

Une fois la lame de la binette bien affûtée, elle est incroyablement plus efficace !

La serfouette est indispensable pour les semis en ligne.

Le râteau

Le râteau sert à :

- niveler et affiner la terre de surface lors de la phase finale de la préparation du sol en vue d'un semis ;
- refermer les sillons et tasser la terre. On l'utilise alors à l'envers.

La serfouette

Elle comporte deux parties : une pointue, en forme de feuille de laurier, servant à tracer les sillons ordinaires, et une partie large (panne) réservée aux sillons larges.

Le cordeau

C'est l'outil tout simple composé de deux pointes de bois de 30 à 40 cm de long, reliées par une cordelette tressée en synthétique d'environ 10 m de long.

L'emploi du cordeau est essentiel pour réaliser des rangs de légumes bien droits et bien espacés, ce qui facilite les opérations de culture et optimise l'utilisation du terrain.

La binette

Elle sert à ameublir la terre sur les premiers centimètres, entre les plantes.

Cela permet, en aérant, d'activer la nutrition biologique des cultures (effet d'un engrais « coup de fouet »), de détruire les « mauvaises herbes », et d'économiser les arrosages.

Son manche doit être long. Affûtez la lame régulièrement.

Les étapes de la préparation

La procédure sera la même si vous avez à défricher un bout de terrain pour en faire votre potager, ou si vous reprenez votre potager au printemps après un hiver d'abandon.

1re étape : le défrichage

Procédez entre février et juin, ce qui vous permettra de mettre en culture sans tarder la partie défrichée. Commencez par arracher, à la main ou à la pioche, les éventuels arbustes ou jeunes arbres.

En ce qui concerne l'herbe, vous avez plusieurs solutions :

- si la surface est importante, faites intervenir un jardinier équipé d'un motoculteur avec charrue, de façon à enfouir l'herbe. Passez ensuite directement à la troisième étape ;
- pour une petite surface, décapez à l'aide d'une houe bien affûtée, sans chercher à aller profondément. Laissez les herbes coupées se décomposer à la surface pendant deux ou trois semaines. Si vous êtes pressé, rassemblez tout avec un croc à fumier, mettez ces matériaux sur le tas de compost, et passez aussitôt à la phase suivante ;
- solution la moins pénible : couvrez la (ou les) parcelle(s) à défricher avec de vieux tapis ou morceaux de moquettes, ou encore du plastique noir « spécial paillage ». Lestez bien les bords avec de gros morceaux de bois, des pierres, ou des sacs remplis de sable. L'herbe, privée de lumière, dépérira. Une fois dépérie, l'herbe sera « digérée » par les vers, les limaces, les bactéries et les autres êtres vivants du sol. Attendez deux ou trois mois en été, six en comptant les mois d'hiver.

Avec la houe, ne cherchez pas à aller profondément.

2e étape : ameublissement

À l'aide de la biobêche, travaillez la terre sans chercher à aller à la profondeur maximale, pour ne pas vous épuiser ! Faites un second passage, plus profond, après un délai d'une ou deux semaines. Extirpez les plus grosses racines, mais ne cherchez pas à enlever tous les débris végétaux. Ils participeront au démarrage biologique de votre terre. Passez rapidement à la phase suivante.

3e étape : finition

Muni du croc à fumier, brisez les mottes, rassemblez les débris végétaux. Jetez ces derniers sur le tas de compost. Profitez de ce travail pour niveler la terre. Beaucoup de cultures peuvent être implantées à ce stade, notamment celles où l'on démarre avec des plants.

Dans le cas où vous avez besoin d'une terre plus fine pour faire des semis, passez aussitôt le râteau en faisant en sorte que les petites mottes restantes se retrouvent au bord ou dans les allées.

Vous démarrez avec un terrain neuf ?

Dans une terre nouvellement mise en culture, en principe, tout pousse bien, car les plantes profitent du stock d'humus préexistant, créé tout au long de la période en gazon, prairie ou jachère. Mais... les premières cultures sont souvent la cible d'insectes présents dans le sol, qui vont s'empresser de sectionner les petits plants. Choisissez pour la première année des cultures peu vulnérables telles que pommes de terre, tomates, courgettes, potirons... Ce sera plus difficile pour les laitues ! Protégez vos premières plantations contre les limaces à l'aide d'un peu de Ferramol !

À l'aide du croc, on affine la terre et enlève des débris végétaux.

Quelques erreurs à éviter

Trop travailler la terre

Bêcher, bêcher encore, passer le croc, et à nouveau passer le croc... La terre ne semble jamais assez belle, assez propre à certains. Stop ! Remuer trop souvent la terre est non seulement fatiguant pour le jardinier, mais épuisant pour la terre. En effet, chaque fois que vous travaillez les particules de terre, celles-ci sont exposées à l'air et au soleil, ce qui détruit de l'humus. Ce processus a l'avantage de libérer des aliments pour les plantes, par voie biologique, mais il faut éviter d'en libérer trop d'un coup. Ce serait du gaspillage !

Apporter trop d'engrais ou... pas assez

Même bio, les engrais sont d'un maniement délicat. En apporter trop constitue un gaspillage, fragilise les plantes et compromet la qualité des récoltes. Ne pas en apporter du tout, ce n'est pas grave... au début. Quand on démarre un potager, on bénéficie souvent du stock d'humus accumulé pendant une période de jachère ou des réserves d'éléments fertilisants s'il s'agit d'un jardin anciennement cultivé. Les premières années, tout pousse bien sans aucun apport autre que le compost que se doit de fabriquer tout jardinier bio. Au bout de deux ou trois ans, l'état de grâce prend fin. C'est le moment de penser à investir dans un sac d'engrais naturel (voir "Les engrais naturels du commerce", page 33).

Chercher à enlever tous les cailloux

Débarrasser les pierres qui se trouvent dans votre terre, ou, pire encore, tamiser celle-ci est inutile et peut nuire à votre sol en l'asphyxiant. Contentez-vous d'enlever les plus grosses pierres.

Pas d'appareil rotatif dans un terrain envahi de liseron ou de chiendent

Les engins tels que fraise, moto-houe ou motoculteur sont à proscrire dans un jardin comportant des plantes à rhizomes. En découpant les tiges souterraines de ces mauvaises herbes, vous allez... les multiplier.

Un coup de cœur ?

Si vous avez envie de tenter telle ou telle nouvelle culture, posez-vous d'abord les questions suivantes :

- Le légume que je veux cultiver est-il adapté à la saison ?
- Est-il adapté au climat de ma région ?
- Aurai-je le temps de biner, butter, poser des rames, désherber, éclaircir... ?
- Serai-je présent pour le récolter quand il arrivera à maturité ? Aurai-je le temps de cueillir, éplucher, préparer ?
- Quelle quantité — même approximative — vais-je récolter ?
- Ai-je la possibilité de stocker les excédents, de faire des conserves ?
- Ma famille ne risque-t-elle pas de bouder ce nouveau produit ?
- La plupart des réponses à ces questions se trouvent... dans les fiches légumes du présent livre !

De l'eau de pluie pour arroser

Dans certains villages – notamment dans le Midi –, les jardins sont irrigués grâce à une source et un réseau de rigoles qui répartit l'eau. Ailleurs, il arrive qu'ils bordent une rivière où il est facile de prélever de quoi arroser les cultures. Ces eaux sont le plus souvent excellentes et... gratuites. Ailleurs, il vous faudra recueillir l'eau de pluie si vous voulez arroser sans alourdir votre facture d'eau ou trop peser sur les captages d'eau potable. Les deux configurations présentées page suivante supposent la présence de toitures équipées de gouttières. Le toit d'une cabane de jardin de 10 m^2 au sol permet de récupérer théoriquement, sur une année, 6 à 10 m^3 d'eau suivant la région. Difficile de stocker tout ce volume ! Une réserve de 1 ou 2 m^3 vous permettra tout de même de remplir une bonne centaine d'arrosoirs. De quoi arroser un petit jardin, en espérant qu'elle se remplira de nouveau.

Une citerne enterrée existante

Il existe souvent une citerne enterrée dans les jardins jouxtant une maison ancienne. Pour remonter l'eau, installez une pompe électrique de surface si la profondeur ne dépasse pas 6 m, autrement optez pour une pompe immergée. Vérifiez bien que la puissance de la pompe soit suffisante pour la profondeur de votre citerne. Vous pouvez arroser directement avec le tuyau raccordé à la pompe, mais l'idéal est d'avoir une réserve en surface, telle qu'un bac ou un fût ouvert. Ainsi, l'eau pourra prendre la température ambiante, et vous la prélèverez facilement avec des arrosoirs.

Une source alimente les rigoles de ce jardin.

Une citerne de surface

C'est la solution la moins coûteuse, quand il faut installer un système de récupération. Il existe dans le commerce des citernes à tous les prix. Prévoyez une citerne équipée d'un système de dérivation que vous activerez lorsqu'elle sera pleine. Installez-la à l'arrivée de la descente de gouttière sur un support très stable (agglos de béton) – un mètre cube d'eau pèse une tonne – et suffisamment haut pour pouvoir placer l'arrosoir sous la vanne éventuelle ! Vous pouvez puiser l'eau à l'aide d'une pompe, comme dans le cas précédent, ou d'une vanne quart-de-tour si vous voulez remplir des arrosoirs.

Quelques conseils

- Toutes les toitures permettent de recueillir une eau d'arrosage de qualité, sauf celles en matériau bituminé. Dans ce cas, l'eau prend une coloration brune qui signifie qu'elle s'est chargée en hydrocarbures pouvant être nocifs.
- Vidangez votre citerne de surface durant les mois les plus froids, car le gel peut la détériorer.
- Vidangez et rangez au sec votre pompe de surface à la fin de l'été ; laissez en place votre pompe immergée.
- Ne vous inquiétez pas si l'eau de votre citerne verdit. C'est naturel si elle est exposée pendant plusieurs jours au soleil. La présence d'algues microscopiques ne nuira aucunement aux cultures.

Pompe immergée équipant une vieille citerne enterrée.

Pompe de surface.

L'eau est recueillie dans une citerne toute simple.

Les citernes sont généralement peu décoratives. Ici, elle a été cachée par des cannisses. Elle est équipée d'un robinet.

Je cultive bio

- Je fais mon compost
- Je sème des engrais verts
- Je paille mes légumes
- Les petites bêtes à mon service
- Je soigne mon potager avec des plantes

Avec deux bacs à compost, l'un se remplit pendant que l'autre travaille.

Je fais mon compost

Recycler les déchets du jardin sous forme de compost est l'une des bases du jardinage bio. Cela permet d'entretenir la fertilité du sol, notamment par l'apport d'humus. Épandez le compost à volonté, de préférence au printemps ou à l'automne, dès qu'il devient brun et d'odeur agréable. Certaines cultures en profitent mieux que d'autres (voir les différents légumes pages 44 à 117). Si vous disposez de fumier, ne vous en privez pas : apportez-le de préférence en automne à même le sol. Les vers de terre se chargeront de l'enfouir ! Une fois épandus, compost et fumier doivent laisser voir la terre. Si ce n'est pas le cas, il y en a trop !

Comment réaliser un compost ?

Remplissez votre bac à compost progressivement. Si vous avez des feuilles mortes, stockez-les juste à côté : vous vous en servirez tout au long de l'année, en mélange avec les autres ingrédients listés plus loin. À chaque apport, utilisez une fourche ou un croc à fumier pour mélanger les matériaux frais à la couche supérieure du tas.

Ouvrez de temps en temps le tas de compost à l'aide des mêmes outils pour en surveiller l'évolution :

- s'il semble très humide et nauséabond, apportez des matériaux secs et grossiers tels que branches broyées, feuilles mortes, herbes sèches, etc. pour l'assécher ;
- s'il semble sec et grisâtre, apportez quelques arrosoirs d'eau et/ou incorporez des tontes de gazon pour l'humidifier.

Dans un premier temps, le tas de compost chauffe : les bactéries sont à l'œuvre pour biodégrader les matériaux. Ensuite apparaissent les vers du fumier : le compost est en cours de maturation. Après six à douze mois arrivent les vers de terre, signe que le compost est mûr. Son odeur est agréable. On l'épand alors en toute saison. Attention : certaines cultures n'apprécient guère l'apport de compost (voir les détails de chaque légume).

Bonnes idées

Disposez si possible de deux bacs ou silos à compost : l'un se remplit pendant que l'autre « travaille ».
Récupérez le maximum de matériaux dans le jardin, éventuellement un peu à l'extérieur (fumier, feuilles mortes, etc.).
Mélangez les ingrédients : secs et humides, fins et grossiers.
Utilisez de temps en temps les matériaux du compost comme paillis, directement sur le sol, entre les légumes, où ils se décomposeront. Cela s'appelle le compostage « en surface ». À faire, par exemple, avec les herbes arrachées ou coupées.

Les mauvaises herbes peuvent être laissées sur le terrain en guise de paillis.

Que puis-je composter ?

Ne vous étonnez pas qu'il y ait des discours contradictoires concernant la liste des ingrédients que l'on peut (ou pas) incorporer à un compost. Les messages sur le compostage émanent souvent des collectivités en charge de la gestion des déchets et ils sont souvent simplifiés de façon à être compris et acceptés par l'ensemble du public. Il y a aussi des informations fausses qui circulent depuis des décennies ! On peut incorporer à un compost tout ce qui est d'origine végétale ou animale : feuilles, tiges, rameaux (broyés), racines, fruits, épluchures et autres restes alimentaires (huile de friture, produits abîmés, marc de café, etc.), papier (journal, essuie-tout), carton, objets biodégradables (gobelets, assiettes, etc.), fumier, etc., le tout dans les quantités produites quotidiennement par votre famille. Ne tentez pas de composter une collection de magazines ou toutes les tontes de gazon du quartier ! La réussite du compostage est une question d'équilibre.

Mélange de tontes de gazon et de déchets provenant de la cuisine.

Les plantes malades

Toute « mauvaise herbe » ou plante cultivée pouvant être contaminée sans qu'on le sache ou sans qu'on identifie l'agent pathogène, la seule attitude réaliste, si l'on est débutant et veut recycler les déchets du jardin, consiste à accepter tous les déchets végétaux dans le compost. Le compostage assainit les matériaux. Évitez toutefois les tubercules de pommes de terre, car ils repousseront (à jeter à la poubelle ou au pied d'une haie, où ils dépériront).

Les mauvaises herbes

N'incorporez pas à votre compost des herbes visiblement porteuses d'innombrables graines. En revanche, les racines ou rhizomes de chiendent, liseron et autres vivaces ne survivent pas longtemps dans un tas de compost.

Les restes de repas

Rassurez-vous, quelques arêtes de poisson et petits bouts de gras de jambon ne suffisent pas à attirer les mouches et les rats ! Ce genre d'ingrédients représente au maximum quelques centaines de grammes par an. Veillez à mélanger ces déchets aux autres.

Les épluchures d'agrumes

Elles se décomposent parfaitement, aucune raison de les exclure. Et si certaines peuvent avoir été traitées chimiquement pour la conservation, il est plutôt moins nocif d'en recycler les épluchures que d'en consommer les fruits ! Les quantités en jeu, de l'ordre de quelques centaines de grammes par famille et par an, sont faibles.

Les engrais naturels du commerce

Un apport complémentaire d'engrais du commerce est souvent utile, car les légumes sont d'un naturel gourmand. Préférez les engrais naturels – fientes de volailles, « guano » de poisson, tourteau de ricin – qui sont riches en azote (symbole N sur l'emballage) et proposés en grands conditionnements. L'azote est l'élément fertilisant dont on manque le plus dans un potager. Les engrais en boîtes tels que « engrais tomates », « engrais fraisiers », etc. ont l'inconvénient d'être très coûteux. On applique les engrais – l'équivalent d'une boîte de conserve pour 10 m^2 – au printemps, lors des opérations de préparation du sol, pas plus d'une fois par an.

Je sème des engrais verts

C'est la technique bio par excellence : on améliore le sol à l'aide de plantes que l'on sème spécialement sur la parcelle ! On appelle engrais verts des plantes qui travaillent la terre avec leurs racines, mieux que nous avec une bêche, puis l'enrichissent lorsqu'elles se décomposent. Bénéfice supplémentaire, l'engrais vert empêche les « mauvaises herbes » de pousser. Et cela est tout à fait à la portée des débutants.

Dans toute la gamme disponible des plantes engrais verts, choisissez la moutarde, la vesce ou la phacélie.

Préférez la vesce ou la phacélie

1. ce sont des plantes qui poussent vite ; elles sont détruites par le gel hivernal,
2. ce qui évite d'avoir à les tondre, à les faucher et à les enfouir par bêchage.

Engrais vert de phacélie.

1 Semez l'engrais vert en juillet ou en août, moment de l'année où le terrain commence à se libérer dans le potager. Contentez-vous de niveler grossièrement le sol à l'aide du croc et d'enlever les mauvaises herbes.

2 Il vous suffit de semer ensuite vos graines d'engrais vert (voir tableau page 33).

3 Ensuite, c'est la nature qui travaillera : les plantes pousseront toutes seules jusqu'à l'hiver, éventuellement en fleurissant. Puis elles gèleront.
Les vers de terre – qui se nourrissent de débris végétaux – enfouiront une partie des feuilles et des tiges, les bactéries et champignons décomposeront les racines. Vous n'aurez plus, au mois de mars suivant, qu'à passer un coup de croc pour enlever les quelques tiges sèches restantes (à ajouter au compost), avant de semer ou de planter.

Pour le semis de l'engrais vert, inutile d'affiner davantage la terre.

Les graines ont été préalablement mélangées à du terreau.

C'est tout ce qui reste de l'engrais vert après l'hiver !

Engrais vert	Particularités	Dose de semis	Période possible pour le semis
Moutarde	Élimine bien les mauvaises herbes. Floraison jaune au bout de 1 mois.	15 g/10 m^2	Mars à août.
Phacélie	Ameublit bien le sol. Floraison mauve au bout de 1 mois.	15 g/10 m^2	Mai à mi-août.
Vesce	Enrichit le sol. Floraison rose au bout de 2 mois.	100 g/10 m^2	Août à septembre.

LE BON GESTE

Je sème régulièrement

Les engrais verts – de même que certains légumes tels que le radis ou la mâche – se sèment « à la volée » et non en lignes. Nivelez d'abord le terrain à l'aide du croc. Calculez la surface de la parcelle, en estimant la longueur et la largeur en nombre de pas. Un pas fait environ 0,80 m. Multipliez la longueur par la largeur. Déduisez-en la dose de graines à semer (voir le tableau ci-dessus). Pour semer régulièrement, mélangez les graines dans un seau avec du terreau. En répandant d'un geste régulier le mélange, dont la couleur tranche avec celle de la terre, vous verrez facilement où vous êtes déjà passé. Commencez par les bords.

Engrais vert de moutarde.

Je paille mes légumes

Pailler une culture consiste à couvrir le sol d'un paillis (on dit aussi « mulch ») destiné à :

- limiter l'évaporation de l'eau et économiser les arrosages ;
- limiter la croissance des mauvaises herbes ;
- stimuler la vie du sol.

Pour ce faire, on utilise toutes sortes de matériaux, de préférence ceux qu'on a sous la main !

« Mulch » de paille.

Paillis	Épaisseur	Entretien
Paille, branches broyées (BRF*), feuilles mortes, aiguilles de conifères, compost, herbes sèches, paillettes de lin du commerce.	5 cm environ.	Laisser sur le sol durant l'été, l'automne et, éventuellement, l'hiver.
Tontes fraîches de gazon, herbes arrachées.	Fine (on doit voir la terre au travers).	Renouveler l'apport régulièrement.
Papier, carton.	Plusieurs épaisseurs si nécessaire, recouvertes d'un peu d'herbe, de terre ou de compost.	Renouveler l'apport durant l'été, si nécessaire. Ensuite, laisser en place.

* BFR : Bois Raméal Fragmenté.

Les tomates ont besoin de beaucoup d'eau pour pousser. Le paillage permet de garder la terre humide à leur pied.

Quelles plantes pailler? L'artichaut, l'aubergine, les choux, le concombre, la courgette, le fraisier, le maïs, le poireau, le poivron et le piment, le potiron sans oublier la tomate.
Quand pailler? Au printemps ou en été, dès qu'il commence à faire chaud. Le sol ne doit pas être sec (ce que l'on vérifie en donnant un coup de bêche). Il y a un moment, au printemps ou au début de l'été, où la terre a perdu l'essentiel de son eau. Cinq années sur dix, cela se produit avant le 31 juillet dans le Midi, sur la bordure atlantique et dans le Val-de-Loire. Ailleurs, il faut attendre la fin août. Avec le changement climatique, cela tend à se produire de plus en plus tôt, même dans des régions habituellement humides.
Cela oblige à anticiper le paillage. Si le sol est sec, arrosez et désherbez avant de pailler.

Les petites bêtes à mon service

Pour éviter les attaques d'insectes ou de limaces, le plus simple est de s'assurer les services d'auxiliaires. Ces prédateurs et parasites, souvent très discrets, se nourrissent de chenilles, de vers blancs, de pucerons et autres ravageurs. Les insectes auxiliaires les plus connus sont les coccinelles, les syrphes, les chrysopes. Ils ne demandent qu'à s'inviter chez vous! Il suffit le plus souvent de leur proposer des fleurs bien choisies – qu'ils aimeront butiner – et quelques sites tranquilles où ils pourront se cacher et établir leur nid.

Les zinnias attirent les insectes qui protégeront les haricots.

Les fleurs « à insectes utiles »

Implantez ces fleurs dans votre potager, en bordure pour ce qui est des vivaces, en mélange avec les légumes en ce qui concerne les annuelles. Vous pouvez également consacrer une parcelle entière à une bande fleurie.

- **Vivaces les plus attractives** : agastache, aster, coréopsis, doronic, fenouil bronzé, gaillarde, marguerite, rudbeckia, etc. Plantez-les en octobre ou en mars ;
- **Annuelles les plus attractives** : alysse odorante, aneth, bourrache (bisannuelle), coriandre, cosmos sulphureus, souci, zinnia, etc. Semez-les en place en mars-avril. Certaines se ressèment spontanément.

La haie

Les arbustes sont un refuge extraordinaire pour la faune auxiliaire, des insectes aux oiseaux ! Si la haie fait de l'ombre à votre potager, n'hésitez pas à la rabattre à hauteur d'homme. Elle conservera un intérêt écologique tout en permettant un ensoleillement idéal à vos cultures. Si vous plantez, mélangez les espèces !

Des endroits tranquilles

Le long d'un mur ou d'une clôture, laissez pousser l'herbe. Vous ne la faucherez qu'une fois par an, en octobre. C'est un refuge idéal pour le hérisson, la musaraigne, l'orvet ou le crapaud commun, tous d'actifs insectivores. C'est encore mieux s'il y a quelques pierres entassées ou des bûches empilées.

Les arbustes les plus écologiques

- **Pour la haie libre** : argousier, cornouiller mâle, lierre, néflier, noisetier, rosier, églantier, sureau noir, sorbier, laurier-tin, laurier noble, conifères, viorne obier, symphorine, framboisier, cotonéaster, etc.
- **Pour la haie taillée** : charmille, hêtre, houx, lierre, aubépine, buis, laurier-tin, troène commun, fusain d'Europe, cornouiller sanguin, cotonéaster, pyracantha, etc.

Arbres et haies abritent de précieux auxiliaires.

Prêle des champs.

Fleurs de tanaisie.

Je soigne mon potager avec des plantes

Vous avez autour de vous, au bord des chemins ou même dans votre jardin, des remèdes aux petits maux dont peuvent souffrir les plantes de votre potager : attaques d'insectes, maladies, coup de froid, mauvaise croissance... Il s'agit tout simplement de plantes aux propriétés extraordinaires.

Pour prévenir la plupart des maladies des plantes : la décoction de prêle

La plante utilisée est la prêle des champs, à cueillir durant la belle saison dans les champs et les friches en sol humide. Pour réaliser la décoction, faites tremper 100 g de prêle fraîche (15 à 20 g de prêle sèche) dans 1 l d'eau pendant 24 h, puis faites bouillir cette préparation pendant 20 min. Laissez refroidir, filtrez à l'aide d'une passoire doublée d'un textile.
Mélangez 0,5 l de décoction à 10 l d'eau et pulvérisez sur les plantes. On peut aussi appliquer avec un arrosoir, sur les plantes basses type salades, mais cela augmente la quantité nécessaire. La décoction se conserve deux jours.

Traitements : appliquez la dose juste

Déterminez le volume de liquide à appliquer (produit de traitement + eau) en sachant qu'il faut 1 l de liquide pour 10 m^2. Le principe est le même si vous employez un arrosoir.

Pour chasser les insectes ravageurs : la décoction de tanaisie et autres plantes

Les répulsifs repoussent les petites bêtes nuisibles. On les répand à volonté dans les cultures à protéger. On se sert de la tanaisie (plante commune poussant au bord des chemins et fleurissant en été) pour réaliser une décoction (voir la méthode de préparation ci-avant).

Pour cela, faites macérer 300 g de feuilles et/ou fleurs fraîches (ou 100 g de plante sèche) pour 1 l d'eau. Pulvérisez le liquide non dilué.

D'autres plantes servent également de répulsif : feuilles de sureau, genêt, fougère-aigle, tomate, romarin, en décoction ou répandues à proximité des légumes.

Autres répulsifs

Il existe d'autres répulsifs que ceux à base de plantes tels que la suie de bois, les algues marines, marc de café (contre les insectes), les feuilles de noyer (contre les campagnols), ainsi que les produits du commerce à base d'huile d'os ou de géraniol (contre les lapins, les rongeurs, etc.).

Pour stimuler vos cultures : l'extrait fermenté d'ortie

L'extrait fermenté d'ortie – appelé aussi « purin d'ortie » – agit en stimulant les défenses naturelles des plantes cultivées face aux agressions des ravageurs, des maladies et du climat (froid, sécheresse, etc.).
La plante utilisée est la grande ortie, connue de tous. Récoltez, du printemps à l'automne, des tiges feuillées, avec éventuellement des fleurs, des graines, des racines, etc.

1 Prenez un récipient en plastique ou émaillé d'une contenance d'au moins 5 l, un seau par exemple. Remplissez-le d'orties grossièrement découpées au sécateur.

Posez une pierre ou un morceau de brique par-dessus pour tasser et recouvrez d'eau de pluie.

2 Posez un couvercle non hermétique sur le seau, cela ralentira l'évaporation de l'eau. Vérifiez régulièrement le niveau de l'eau. S'il baisse, ajoutez-en.

Au bout d'environ deux semaines, la fermentation est terminée. L'extrait fermenté est prêt à être utilisé. Il se conserve ainsi pendant plusieurs mois.

3 Pour l'utiliser, filtrez à travers un linge et diluez à raison de 1,5 l pour 10 l d'eau. Une application par mois :
- en arrosage au pied des plantes ;
- en pulvérisation sur les plantes.

1

Les orties doivent être couvertes d'eau.

2

Couvrez pour éviter l'évaporation.

3

Filtrez l'extrait d'ortie pour éviter de boucher la buse du pulvérisateur.

Diluez l'extrait d'ortie avant usage.

Légumes et savoir-faire du potager

- L'artichaut
- La carotte
- Le cerfeuil
- Le chou pommé
- Le concombre
- La courgette
- Le fraisier
- Le haricot
- La laitue
- La mâche
- Le maïs doux
- La menthe
- L'oignon
- Le petit pois
- Le poireau
- La pomme de terre
- Le potiron
- Le radis
- La rhubarbe
- Le thym
- La tomate
- Et tous les
- autres...

Des légumes plus ou moins faciles à cultiver

Ce tableau récapitule les niveaux de difficulté de culture des légumes présentés dans cet ouvrage. Certains seront simples à cultiver, tandis que d'autres nécessiteront plus de soin.

Légumes	Niveau de difficulté de la culture
Artichaut	3/4
Carotte	4/4
Cerfeuil	1/4
Chou pommé	3/4
Concombre	1/4
Courgette	1/4
Fraisier	3/4
Haricot	2/4
Laitue	2/4
Mâche	2/4
Maïs doux	2/4
Menthe	2/4
Oignon	2/4
Petit pois	3/4
Poireau	4/4
Pomme de terre	3/4
Potiron	2/4
Radis	2/4
Rhubarbe	2/4
Thym	1/4
Tomate	3/4

Les outils de la plantation

Tout jardinier doit investir dans l'achat de quelques outils indispensables à la plantation.

Plantoir : pointu, il permet de faire des trous de plantation facilement et de borner le plant en faisant un autre trou juste à côté (qui servira aussi à recueillir l'eau d'arrosage).

Transplantoir : cette sorte de petite pelle est pratique pour faire des trous larges, adaptés notamment aux plants en godets.

Bêche plate : elle est irremplaçable pour éclater des touffes de plantes et faire de grands trous.

Transplantoir.

Plantoir.

Bêche plate.

Pour faire grossir davantage vos artichauts, enfoncez un petit coin de bois dans le pédoncule lorsque les capitules (têtes d'artichauts) se forment.

L'artichaut

L'artichaut forme une touffe de feuilles très spectaculaire d'où émergent des tiges portant chacune plusieurs capitules («têtes») que vous cueillerez avec 10 cm de pédoncule («queue»). Un pied d'artichaut peut vivre de nombreuses années s'il est bien protégé pendant l'hiver. Dans la partie sud-ouest de la France, il pousse en automne et en hiver et produit au printemps. Ailleurs, il se développe au printemps pour produire en été. En été, le feuillage disparaît si l'on n'arrose pas. En hiver, c'est le gel hivernal qui le détruit, et parfois la plante entière si la température descend au-dessous de –8 °C.

Est-ce que je peux le faire ?

Attention, dans l'Est et dans les régions montagneuses froides, il est déconseillé. Les hivers froids, protégez chaque pied avec des fougères sèches (ou un voile d'hivernage) dès qu'il gèle.

Démarrage de la culture

Le semis et la plantation de plants en godets sont souvent décevants. L'idéal est de trouver un voisin ou un ami qui aurait un pied d'artichaut dans son jardin. En avril, demandez-lui des œilletons. Il les détachera d'un coup de bêche plate, en gardant quelques petites racines. Raccourcissez de moitié environ les feuilles de ces plants, trempez les racines dans une bouillie de terre et d'eau et plantez-les à 1 m de distance. Arrosez bien jusqu'à la reprise.

Entretien

Binez et arrosez (voir «Le bon geste» page 73) au goulot régulièrement en cas de sécheresse, ou bien paillez (voir «Je paille mes légumes», page 34). Apportez du compost au pied de la plante au démarrage de la végétation.

Remplissez de paille un petit pot à fleurs.

LE BON GESTE

Je lutte contre les pucerons

Les pucerons sont de minuscules insectes peu mobiles, de coloration variée, qui vivent en colonies sur certaines plantes. Ils pompent la sève, transmettent des virus et provoquent l'apparition d'un enduit noirâtre : la fumagine. L'artichaut est sensible aux pucerons, tout comme le chou ou la fève.

Pour protéger vos cultures :

- suspendez au contact des plantes sensibles (artichauts, choux, fèves…) des « pots à perce-oreilles ». Ces insectes chassent les pucerons. Ils coloniseront spontanément les abris que vous leur offrirez ;
- semez dans votre potager des capucines. Ces plantes-refuges, colonisées par les pucerons, serviront de réservoirs à ennemis naturels de pucerons tels que les syrphes ;
- en cas d'attaque sévère, pulvérisez de la décoction de tanaisie ou de l'eau savonneuse (dissoudre 30 g de savon noir dans 1 l d'eau de pluie tiède).

Faites passer un fil de fer dont vous aurez préalablement enroulé l'extrémité de façon à maintenir la paille en place. Avec l'autre extrémité, formez un crochet.

Il ne vous reste plus qu'à accrocher le pot sur l'artichaut !

On récolte la carotte surtout en automne et en hiver.

La carotte

Légume dont on mange la racine, crue ou cuite. Seules les feuilles (20 à 30 cm de haut) restent visibles du semis à la récolte. La croissance de la carotte est plutôt lente (quatre à cinq mois).

Est-ce que je peux le faire ?

La carotte s'adapte à tous les climats. Dans les sols caillouteux, ou renfermant des mottes dures ou du fumier mal décomposé, les carottes prennent souvent une forme fourchue.

Elle se consomme principalement d'août à mars et se conserve facilement en terre tant que la température ne descend pas au-dessous de – 10 °C. Sous les climats à hivers froids, avant l'hiver, mettez des feuilles mortes (de préférence fougère ou noyer) par-dessus les fanes en couche d'environ 5 cm d'épaisseur puis recouvrez si possible d'un voile d'hivernage.

Démarrage de la culture

On démarre avec des graines semées en rangs en pleine terre en avril pour avoir des carottes dès l'été, en juin pour en avoir en automne et en hiver. Il existe des variétés demi-longues (type 'Nantaise') ou longues (type 'Colmar'). Si le sol semble peu profond (couche fertile superficielle, plutôt sombre, de moins de 20 cm d'épaisseur), préférez une variété plus courte (type 'Chantenay').

1 Tout d'abord, évaluez vos besoins en carottes. S'il vous en faut 500 g par semaine, votre parcelle de carottes devra donner 10 à 15 kg de racines par an, et donc mesurer 5 m^2 environ.

Affinez la terre avant le semis : bêchage, griffage, ratissage soigneux. Afin d'éviter la corvée du désherbage, pratiquez le faux semis (voir « Le bon geste », page 76), et pour celle de l'éclaircissage, semez juste la bonne quantité de graines (voir l'astuce page 48).

2 Évaluez le nombre et la longueur des rangs. Déduisez-en la quantité de graines à semer sur un rang, sachant qu'avec 1 g de semences de carotte on ensemence une ligne de 10 à 15 m. Prévoyez pour chaque rang un pot tel que pot de fromage frais rempli de marc de café – ou, à défaut, du sable – (environ 50 g de marc par mètre de rang). Celui-ci aura été préalablement recueilli pendant plusieurs semaines, et sera donc suffisamment sec pour que vous puissiez y mélanger les graines.

3 Semez le mélange le plus régulièrement possible dans des sillons espacés de 30 cm, larges de 5 à 10 cm et profonds de 2 cm maximum réalisés avec la panne de la serfouette le long d'un cordeau.

Calculez la quantité de graines à semer.

Pour semer, faites un rang large avec la panne de la serfouette.

Grâce au marc de café (ou au sable), les graines seront bien réparties sur le rang.

Astuce

Pour calculer la juste quantité de semences :

1 - videz le sachet de graines sur une feuille de papier ou une assiette ;

2 - au jugé, répartissez équitablement les graines en autant de tas qu'il y avait de grammes dans le sachet (c'est écrit dessus) ;

3 - mettez le bon grammage de graines - celui qui vous permet d'ensemencer un rang - dans un pot rempli de marc de café, ajoutez quelques pincées de graines de radis (qui lèveront en premier) et mélangez bien. Réitérez l'opération pour chaque rang.

Associations de cultures

Vous constaterez, avec l'expérience, que telle plante pousse bien à côté de telle autre, ou mal au voisinage d'une troisième. On explique ce phénomène par l'excrétion de certaines substances propres à chaque espèce ou famille de plantes.
Faites voisiner un (ou deux) rang(s) de carottes avec un (ou deux) rang(s) de poireaux.

Entretien

Comme les radis que l'on a ajoutés aux semences de carottes lèvent en premier, on peut passer un coup de binette entre les rangs de carottes avant même qu'elles ne lèvent.
Dès la levée, posez un filet anti-insecte (voir « Le bon geste », page 49) contre la mouche de la carotte. Les carottes véreuses, c'est à cause d'elle ! Vous pouvez aussi disposer autour de la parcelle de carottes une barrière constituée d'une bande de voile en plastique non-tissé de 40 cm de haut fixée sur des baguettes piquées en terre.
S'il n'y a ni filet ni barrière, épandez à volonté des répulsifs (voir « Je soigne mon potager avec des plantes », page 37) contre les insectes entre les rangs de carottes. Binez et arrosez en pluie régulièrement.
Si les carottes sont trop serrées, arrachez-en dès que possible de façon qu'elles soient espacées en moyenne de 5 cm. mais ce n'est pas grave si certaines se touchent ! On appelle cette opération l'éclaircissage.

Conservation

On peut arracher les carottes à partir de fin octobre, couper les fanes, et stocker les racines non lavées dans un récipient placé dans un endroit frais. Couvrez avec une légère couche de feuilles mortes pour maintenir l'humidité.

Éclaircissage : on enlève les plants excédentaires (ici, des panais) après la levée.

LE BON GESTE

Je place un filet anti-insecte

C'est l'arme bio absolue contre les insectes ravageurs pour toutes les cultures potagères cultivées en rectangles suffisamment grands, donc sur plusieurs rangs, compte tenu de la largeur du filet. On l'utilise notamment pour les carottes, les poireaux et les choux. Attention : ne confondez pas le filet anti-insecte (à mailles d'environ 1 mm) avec un voile de forçage. Le filet n'a pas d'effet thermique. Il peut être réutilisé plusieurs années de suite à condition d'être manipulé et stocké avec précaution. Pour les choux et les poireaux, évitez que le filet touche les feuilles. Tendez-le sur des arceaux. Pour les carottes, ce n'est pas indispensable. Il peut simplement reposer sur la culture.

Les arceaux permettent d'éviter tout contact du filet avec les feuilles, et donc le risque que les insectes y déposent leurs œufs.

Se cultivent un peu de la même façon

Betterave : éclaircissez en laissant un plant tous les 15 cm environ. Cuisez les betteraves à l'eau bouillante salée pendant 30 minutes. La plus savoureuse : 'Crapaudine'.

Fenouil : bulbe au goût anisé qui se consomme cru, râpé, ou cuit en accompagnement du poisson ou des céréales. Semez en avril-mai pour une consommation en été. Dans le Midi, semez en juillet-août pour une consommation en automne-hiver. Éclaircissez en laissant un plant tous les 15 à 20 cm.

Navet : légume qui pousse vite. La variété 'Blanc dur d'hiver' résiste au gel hivernal. Pour le printemps, 'De Milan rouge' se sème en mars. Il se consomme surtout cuit, à l'eau ou à l'étouffée, éventuellement avec d'autres légumes.

Panais : il résiste au gel hivernal et à la mouche de la carotte. Il présente un goût spécial et se consomme cuit, seul ou mélangé à d'autres légumes. Ne semez que des graines très fraîches (un ou deux ans).

Salsifis : un peu passé de mode, comme sa cousine la scorsonère, à la racine noire. Tous deux exigent un sol profond, non pierreux.

Cerfeuil bon à récolter.

Le cerfeuil

Semez régulièrement cette plante aromatique pendant toute la belle saison si vous voulez en avoir en permanence. Le cerfeuil se développe en un à deux mois. Celui semé fin août reste «en feuilles» jusqu'au printemps suivant.

Est-ce que je peux le faire ?

Le cerfeuil résiste au gel, mais pas à une sécheresse prolongée. Il finit toujours par monter en graine, c'est pourquoi on en sème plusieurs fois dans l'année.

Démarrage de la culture

On démarre avec des graines, dès mars-avril et jusqu'en fin d'été. Semez en ligne dans un sillon très peu profond (0,5 cm maximum). En été, couvrez la ligne de semis avec une fine couche d'herbe comme protection contre la sécheresse. Arrosez en pluie.

Astuce

Faites tremper les graines pendant deux ou trois jours avant de les semer. Cette technique permet d'accélérer la levée.

Associations de cultures

Le cerfeuil protège les autres plantes contre les insectes nuisibles. Semez-en en mélange avec les radis et à proximité des laitues et chicorées.

Entretien

Arrosez en pluie régulièrement s'il fait sec.

Conservation

Les feuilles de cerfeuil fraîches parfument classiquement les salades, les omelettes, les potages. On les conserve facilement en les congelant avec de l'eau sous forme de glaçons.

Se cultivent un peu de la même façon

Aneth : aromatise les salades et le saumon. On le sème au printemps et en été. Les fleurs attirent les insectes utiles.

Coriandre : les feuilles fraîches ou les graines aromatisent la cuisine orientale. On peut mélanger quelques graines de coriandre aux graines de carotte lors du semis. Elle se sème au printemps et en été. Les fleurs attirent les insectes utiles.

Persil : le persil plat est plus parfumé que le persil frisé.

Le persil d'Italie est le plus productif : s'il ne fait pas trop froid, on peut continuer à le récolter en hiver.

Aneth.

Persil frisé.

Coriandre.

Chou cabus d'hiver.

Le chou pommé

Légume dont on mange les feuilles, serrées en « pomme », crues ou cuites. Ce grand classique des potagers d'autrefois était un peu passé de mode. Redécouvrez-le à travers la diversité de ses variétés, souvent très esthétiques.
La croissance du chou est plutôt lente. On commence à le récolter cinq à six mois après le semis, ou trois à quatre mois après la plantation, selon les variétés et la saison.

Est-ce que je peux le faire ?

Il se cultive sous tous les climats. Comme il a besoin de fraîcheur, évitez-le en été dans la partie sud-ouest de la France, sauf en montagne.
On consomme le chou toute l'année ou presque, en fonction des variétés.

Démarrage de la culture

1 Le plus facile est de démarrer avec des plants achetés « en mottes ».

2 Avec un sécateur, coupez les plus grandes feuilles en biais. Cette action assure aux plants une bonne reprise. Après avoir tendu un cordeau, creusez un trou bien profond et vertical à l'aide d'un transplantoir, et glissez-y un plant en enterrant tige et racines jusqu'aux premières feuilles.

3 « Bornez » à l'aide d'un plantoir, en enfonçant celui-ci, puis en le poussant vers le petit chou pour tasser la terre. Recommencez 50 cm plus loin.

Les feuilles sont raccourcies.

Plant avec système racinaire bien développé et feuilles coupées.

Le bornage consiste à ramener la terre sur le plant avec le plantoir.

4 À la fin, arrosez au pied de chaque plant. Apportez un peu d'engrais naturel à la plantation, car le chou est gourmand. Attendez de préférence quatre années avant de planter de nouveau des choux, tout comme des radis, des navets ou de l'engrais vert de moutarde, au même endroit. Cela évite le développement de maladies et autres problèmes. En ce qui concerne les variétés, si vous achetez des plants, vous n'aurez guère le choix. On vous proposera le plus souvent des variétés hybrides (voir « Le bon geste », page 62), qui ont l'avantage de donner des choux très réguliers. Préférez, si c'est possible, des variétés traditionnelles.

Voici quelques variétés de référence :

- pour une production d'automne et d'hiver : 'de Pontoise' (plantation en juin-juillet) ;
- pour une production de printemps : 'Express' (plantation en novembre) ;
- pour une production d'été et d'automne : 'Tête de pierre F1' (plantation en mai).

Vous pouvez aussi tenter le semis en pleine terre (voir « Le bon geste », page 105), à 1 ou 2 cm de profondeur :

- en août-septembre, pour des choux de printemps ;
- de mars à mai pour des choux d'été ou d'automne ;
- en mai-juin pour des choux d'hiver.

Vous avez fait des semis de choux et souhaitez les replanter : arrosez la pépinière quelque temps avant la transplantation, de façon que la terre adhère bien aux racines. Déterrez les plants à l'aide d'un transplantoir et déposez-les dans un seau ou autre récipient vide. Puis placez les plants à l'aide du plantoir, en bornant comme cela est décrit précédemment. Pour que les racines se placent dans le bon sens, tirez un peu sur le plant après l'avoir mis dans le trou. Pour le semis en pleine terre, il faut attendre deux mois de plus que pour les plants avant la récolte.

Il est toujours préférable d'arroser les choux juste après la plantation.

Il y a chou et chou

La grande famille des choux prête souvent à confusion.

- Chou vert : on désigne souvent par ce nom le chou pommé. C'est une erreur. Le vrai chou vert est un chou non pommé aux feuilles très frisées, très vertes, que l'on cultive surtout en Europe du nord. Il résiste au gel et aux insectes. On le consomme en soupe.
- Chou frisé : autre nom du chou vert, mais on appelle parfois ainsi, de manière erronée, le chou pommé de Milan, dont les feuilles sont très cloquées.
- Chou blanc : c'est une appellation un peu fantaisiste pour le chou pommé à feuilles lisses et souvent vert clair dont le vrai nom est chou cabus.
- Chou rouge : sorte de chou cabus aux feuilles rouges.
- Chou brocoli : on appelle brocoli un chou dont on consomme les bouquets floraux vert sombre.
- Chou de Bruxelles : sorte de chou dont on consomme les bourgeons
- Chou-fleur : sorte de chou dont on consomme l'inflorescence hypertrophiée, blanche, verte ou violette.
- Chou-rave : sorte de chou dont on consomme la tige renflée en forme de boule.

Chou rouge.

Chou de Milan.

Feuille colonisée par la mouche blanche du chou.

Les feuilles de tanaisie repoussent les insectes nuisibles.

LE BON GESTE

Je protège mes choux contre les chenilles

De juillet à septembre, les choux sont souvent attaqués par des chenilles de piérides ou de noctuelles. Les premières sont des papillons blancs donnant des chenilles noires et jaunes, que l'on voit souvent groupées sur la face inférieure des feuilles de choux. Les secondes sont des papillons nocturnes aux chenilles vertes ou brunes, discrètes. Les chenilles dévorent les feuilles.

- Surveillez vos choux : si vous voyez des amas d'œufs jaunes minuscules ou des chenilles sur la face inférieure des feuilles, écrasez-les.
- Semez préventivement des capucines naines dans le voisinage des choux. Hébergeant des chenilles et des pucerons, et leurs ennemis naturels, elles auront un effet protecteur.
- Plantez des céleris à côté de vos choux.
- Déposez régulièrement sur vos choux des « gourmands » de tomates (voir la fiche de la tomate, page 110), des feuilles fraîches de sureau, tanaisie, lavande ou toute autre plante odorante.
- Si vous avez un grand carré de choux, protégez-le avec un voile anti-insecte (voir « Le bon geste », page 49).

Associations de cultures

Une fois que vous avez planté des choux, intercalez des plants de laitues. Les laitues, à la croissance rapide, seront récoltées avant que les choux couvrent le terrain.

Il y a bien d'autres plantes voisinant bien avec le chou : artichaut, basilic, bette, céleri, courge, épinard, fève, haricot, pois, pomme de terre, tomate.

Mais aussi des plantes voisinant mal avec le chou : chicorée frisée et scarole, courgette, fenouil, mâche, maïs, radis, poireau, fraisier.

Entretien

Binez et arrosez régulièrement, en pluie ou au goulot. Paillez un mois après la plantation.

Se cultivent un peu de la même façon

Brocoli : pour l'été et l'automne (on plante d'avril à juillet). On cueille d'abord le bouquet du sommet. Ensuite, des bouquets apparaissent aux aisselles des feuilles. Attention, la récolte dure peu de temps. Les bouquets verts… fleurissent.

Chou de Bruxelles : pour l'hiver (on plante au plus tard à la mi-juin). N'apportez aucun engrais.

Chou-fleur : sa production est assez délicate, car elle exige un sol très fertile et un choix précis de la variété en relation avec la région et la saison. Éventuellement, inspirez-vous de ce qui se pratique localement.

Chou-rave : il mérite d'être mieux connu, car il pousse bien et s'intègre dans la cuisine familiale (potées, soupes, couscous, etc.). On le sème de mars à juillet pour le planter un mois et demi plus tard. On espace les choux-raves de 20 cm sur des lignes éloignées de 30 cm. Il se consomme à l'automne.

Chou-rave.

Concombre bon à récolter.

Le concombre

Non seulement on mange ses jeunes fruits crus (quand ils sont brillants et encore bien verts), mais on peut s'amuser à le faire grimper sur des supports où l'on exploite son côté liane ! Ça change de la culture à plat.

Est-ce que je peux le faire ?

Il se cultive sous tous les climats, mais il a besoin d'eau. Sa période de consommation s'étend de juin à septembre (mai à octobre dans le Midi). Les concombres se conservent plusieurs jours à plusieurs semaines au frais.

Démarrage de la culture

On démarre avec des graines ou des plants. Deux plants suffisent pour alimenter une famille. Espacez de 1 m en tous sens.

Si vous semez, faites-le dans des godets de 5 cm remplis de terreau, à raison de trois ou quatre graines par godet (voir « Le bon geste », page 62). Cela vous permet de démarrer plus tôt (mars, dans le Sud-Ouest de la France, avril dans la moitié nord-est) et de mettre vos godets à l'abri du froid sous un châssis ou dans une pièce fraîche et bien éclairée.

Lorsque les plants présentent une ou deux feuilles en plus des cotylédons, dépotez-les et plantez-les à demeure, en les espaçant de 70 cm. Ne séparez pas les plants d'un même godet. Cela se passe en avril (dans la partie sud-ouest de la France) ou en mai (partie nord-est).

Choisissez de préférence une variété dite « épineuse », traditionnelle, telle que 'Marketer', 'Vert long maraîcher' ou 'Le Généreux'.

Astuce

Vingt-quatre heures avant de semer, faire tremper les graines dans un peu d'eau. Cela accélérera leur germination.

Associations de cultures

Ayant tendance à s'étaler, le concombre ne peut guère être associé facilement qu'avec le maïs. Plantez-le entre deux rangs de maïs ou à côté.
Évitez de planter des concombres là où il y a eu des concombres, des courges, des courgettes, des melons ou des potirons l'année d'avant, pour une bonne gestion du sol.

Entretien

Dès que le concombre présente deux ou trois vraies feuilles (en plus des cotylédons), vous pouvez «pincer» la pousse terminale, c'est-à-dire couper le bourgeon qui est au bout de la tige pour hâter la production et avoir une plante plus compacte. Binez et arrosez au goulot régulièrement. Paillez.

Se cultivent un peu de la même façon

Cornichon : variété de concombre que l'on récolte très petit pour le confire dans le vinaigre.
Melon : plus délicat que le concombre, car il a besoin de chaleur. Il se plaît plus facilement dans la partie sud-ouest de la France.
Pastèque : dans le Midi seulement.
Tétragone : une sorte d'épinard dont on cueille les feuilles d'août à octobre, après avoir semé en place en avril (partie sud-ouest) ou mai (partie nord-est), après trempage des graines.

Le concombre pousse ici en hauteur, en s'accrochant à des tuteurs assemblés en tipi.

Dès que les fleurs tombent, les cornichons sont bons à cueillir.

Pied de courgette en pleine production.

La courgette

La courgette produit très vite (deux mois environ après le semis, un mois à un mois et demi après la plantation). Les petits fruits (de 20 à 30 cm) sont tendres. En revanche, les gros fruits à l'écorce plus dure se conservent longtemps. La courgette s'accommode de mille et une façons en cuisine.

Est-ce que je peux le faire ?

La courgette se cultive sous tous les climats, mais elle a besoin d'eau. On la consomme de juin à septembre (mai à octobre dans le Midi).

Démarrage de la culture

On démarre avec des graines ou des plants (voir le calendrier page 11). Deux plants suffisent pour une famille. Espacez de 1 m en tous sens.
Toutes les variétés conviennent à n'importe quelle région.

Associations de cultures

Encombrante et de croissance rapide, la courgette est difficile à associer. Évitez de planter des courges là où il y a eu des concombres, des courges, des courgettes, des melons ou des potirons l'année d'avant.

Entretien

Binez et arrosez régulièrement, en pluie ou au goulot. Paillez. Récoltez les courgettes tous les deux jours de façon à favoriser la fructification.

Conservation

Les grosses courgettes à peau dure se conservent plusieurs semaines à température ambiante.

Se cultivent un peu de la même façon

Pâtisson : sa chair est plus ferme que la courgette, et son goût plus fin. Il se cuit entier avec la peau et se sert en salade après avoir été épluché et découpé en cubes.

Courges 'Patidou' : on récolte les fruits à complète maturité, à l'automne, et on les cuisine comme le potiron.

Pâtisson.

Différentes variétés de courges.

LE BON GESTE

Je choisis mes variétés et graines

Les sachets de graines et les étiquettes de barquettes de plants mentionnent en général le nom de la variété. La variété est une subdivision à l'intérieur d'une même espèce. La courgette appartient à l'espèce baptisée courge (nom scientifique : *Cucurbita pepo*), qui comprend également les pâtissons, les courges spaghetti ou 'Patidou'... Les variétés apportent de la diversité : ainsi, chez la courgette, il existe des variétés naines (formant une touffe compacte) ou coureuses (avec de longues tiges courant sur le sol). Les fruits peuvent être ronds ou allongés, de couleur vert foncé, vert clair, blanche ou jaune. On distingue les variétés traditionnelles et les variétés hybrides. La différence réside dans l'obtention des graines. Avec les variétés traditionnelles, on récupère simplement les graines dans les fruits mûrs de la variété, en prenant quelques précautions. Avec les hybrides, c'est un travail de professionnel qui croise deux variétés bien précises en fécondant des fleurs femelles de l'une avec du pollen de l'autre, de manière très contrôlée. Les semences obtenues sont plus chères que les autres, mais elles donnent des plantes plus vigoureuses, plus précoces (les fruits apparaissent plus vite), plus homogènes, et résistantes à certaines maladies. Sur les catalogues et les sachets de graines, on reconnaît les hybrides à la mention « F1 ». Pour l'amateur, l'hybride F1 n'a d'intérêt que pour le maïs sucré et la courgette, mais il ne peut produire lui-même ses graines.

On trouve de plus en plus de graines bio dans le commerce courant, mais toutes les variétés ne sont pas disponibles sous ce label. Si vous avez le choix, préférez les graines bio pour soutenir cette filière.

Je sème en godets

Ce semis permet de semer plus tôt, et... de récolter d'autant plus tôt. Il faut pour cela pouvoir placer les godets au chaud, soit dans une pièce bien éclairée, près d'une fenêtre, ou bien dans une serre, ou sous un châssis vitré. Récupérez des godets en plastique de taille adaptée :

- petits (5 cm de côté) : semis du concombre (trois graines par godet), du maïs doux (une ou deux graines par godet) ;
- grands (10 cm de côté ou de diamètre) : semis de la courgette, du pâtisson, des diverses courges, du potiron, à raison de une ou deux graines par godet.

1 Remplissez les godets de terreau bio spécial semis ou rempotage du commerce.

2 Semez en enfonçant les graines à environ 2 cm de profondeur à l'aide du doigt.

Arrosez régulièrement.

Avec cette technique, les plantes poussent vite et il faut en général les transplanter en pleine terre deux à trois semaines après le semis.

Bio, hybrides, traditionnelles : quelles variétés choisir ?

Plants de fraisier paillés.

Le fraisier

Le fraisier forme une petite touffe de feuilles d'où émergent des fleurs blanches, qui donnent chacune une fraise. Après l'apparition des fruits, des tiges rampantes appelées stolons poussent et forment de nouveaux petits fraisiers. Un fraisier peut produire pendant plusieurs années (environ quatre ans).

Est-ce que je peux le faire ?

Le fraisier se cultive sous tous les climats car il résiste au gel. En revanche, il ne supporte pas de sécheresse prolongée. Sous les climats secs, il faut l'arroser régulièrement.
La fraise se récolte surtout de mai à juillet, jusqu'en octobre pour les variétés « remontantes », qui donnent une seconde fois après une petite interruption. Un mètre carré de fraisiers peut produire 1 kg de fraises chaque année.
Les différentes variétés sont plus ou moins adaptées à chaque région. Faites des essais et renseignez-vous auprès de votre voisinage.

Démarrage de la culture

Le plus simple est d'acheter des plants en godets à l'automne (à la rigueur au printemps pour des variétés remontantes) et de les planter aussitôt, à 40-50 cm d'espacement. Apportez autant de compost que possible. Arrosez à la plantation.

On sépare le stolon de son pied mère.

On plante les fraisiers achetés en godets à l'automne ou tôt au printemps.

Veillez à ne pas enterrer le cœur de la plante.

Pralinage des racines nues avant plantation.

Une autre solution consiste, entre juillet et septembre, à prélever dans une plantation existante des stolons pourvus de quelques feuilles et de petites racines. Utilisez pour cela un couteau à désherber et un sécateur.

Astuce

Pour faciliter la reprise de vos petits fraisiers « à racines nues », trempez la partie souterraine dans une bouillie à base de terre et d'eau, avec éventuellement un peu de bouse de vache. On appelle cette opération « le pralinage ».

Associations de cultures

Vous pouvez planter de l'ail entre les rangs de fraisiers, ce qui les protégera dans une certaine mesure contre les maladies. Attendez si possible au moins six ans avant de replanter des fraisiers au même endroit.

Entretien

Binez au début. À partir du printemps suivant la plantation, paillez, si possible avec des aiguilles de conifères, ou du compost, ou des rameaux broyés. Apportez du compost à volonté, par-dessus les plantes, après la période de récolte. Désherbez soigneusement et éliminez les stolons car il y en a toujours trop. Déplacez la plantation dès qu'elle est envahie et ne donne plus rien, ce qui se produit quasi inévitablement après quatre ans de production.

Haricot grimpant 'Fortex'.

Le haricot

On ne présente plus le haricot vert, vedette incontestée des potagers français ! Sa croissance est rapide : on compte environ deux mois entre le semis et le début de la récolte pour des haricots nains (dix jours de plus pour des haricots grimpants, ou « haricots à rames ») et un peu plus pour les haricots secs.

Est-ce que je peux le faire ?

Il se cultive sous tous les climats. Le haricot se consomme entre juillet et septembre (juin à octobre dans le Sud-Ouest de la France). On fait plusieurs cueillettes pendant environ trois semaines. Après, les gousses deviennent creuses et coriaces.

Démarrage de la culture

Démarrez avec des graines (voir le calendrier page 11). Les variétés de référence sont 'Delinel' pour les haricots nains, 'Phénomène' ou 'Fortex' pour les haricots grimpants, plus productifs.

Avec la moitié d'une boîte de graines de 500 g, vous ensemencerez environ 12 m de rangs de haricots. Vous obtiendrez 5 à 10 kg de gousses. Creusez des sillons profonds de 2 à 3 cm environ, et espacez-les de 65 cm (75 cm pour les haricots grimpants).

Associations de cultures

Semez quelques graines de haricot dans les intervalles des pieds de maïs lorsque ceux-ci atteignent 20 cm de haut. C'est une association de cultures classique dans le Sud-Ouest de la France.

Entretien

Binez entre les rangs après la levée. Buttez lorsque les plantes font 5 cm de haut. Pour les haricots grimpants, qui sont des lianes, placez ensuite des tuteurs appelés « rames ».

Les rames peuvent être assemblées en tipi.

Elles leur servent de supports autour desquels ils s'enroulent pour grimper.
Choisissez des morceaux de bois de 3 à 4 cm de diamètre environ, bien droits, que vous épointerez du côté le plus gros, afin de pouvoir les enfoncer un peu dans le sol. Pour la longueur, c'est celle correspondant à votre taille avec le bras tendu vers le haut. Si vous semez deux lignes, positionnez les rames dès que les haricots sont sortis, à l'extérieur des rangs, en «tipis» de quatre rames éloignées à la base de 40 cm. Attachez-les ensemble vers le haut avec de la ficelle, ou, mieux, de vieux bas. Reliez les tipis avec des rames horizontales, qui consolideront l'ensemble. Vous pouvez aussi placer d'abord vos tipis et semer ensuite, mais c'est moins pratique.
Arrosez en pluie ou au goulot s'il fait sec.

Les rames idéales sont des bambous ou des cannes de Provence (sortes de grands roseaux poussant dans le Midi). Vous pouvez prendre aussi des branches de noisetier.

LE BON GESTE

J'opte pour le voile de forçage

Le voile de forçage est un voile en plastique transparent, non-tissé ou perforé, léger, que l'on trouve facilement dans les points de vente jardin. On le place par-dessus les semis et il crée une atmosphère plus chaude qui permet aux cultures qu'il protège de pousser plus vite. On gagne une à deux semaines en précocité, ce qui est appréciable au printemps. C'est pourquoi on l'utilise pour les premiers semis en pleine terre, entre février et mai. Large de 2 m — une dimension courante —, il peut protéger deux rangs de haricots. Posez-le dès le semis en le lestant avec des morceaux de bois ou de briques, ou des sacs remplis de sable. Prévoyez qu'il va « pousser avec les plantes » et laissez du mou. Vous l'enlèverez lorsqu'il sera tendu par le développement du feuillage. Un voile de forçage peut servir plusieurs années de suite. D'autres cultures peuvent en bénéficier : laitue, maïs, navet, pois, pomme de terre, radis.

Le voile de forçage permet de produire plus tôt en saison et plus vite.

Se cultivent un peu de la même façon

Haricot sec ou semi-frais : les haricots en grains demi-frais se récoltent en septembre, avant le dessèchement complet des gousses. Ils sont délicieux, mijotés avec des tomates. Les haricots secs, eux, sont ramassés lorsque les gousses sont bien sèches et ridées. On les conserve à la température extérieure, mais au sec, dans leurs gousses. On les cuit une à deux heures, jusqu'à ce qu'ils soient tendres, en salant en fin de cuisson. Inutile de les faire tremper. Pour récolter en sec ou demi-frais, il faut prévoir une culture plus longue que pour les haricots verts, entre trois et quatre mois. Le rendement est assez faible : environ 1 kg de grains pour 10 m^2.

Haricots secs.

Délicieux, mais de rendement assez faible !

Pour savoir si une laitue est bonne à cueillir, il suffit de la toucher : la pomme doit être bien ferme.

La laitue

Indispensable dans tout potager ! La croissance de la laitue est plutôt rapide (trois mois environ entre semis et début de la récolte). On peut la cueillir dès qu'elle présente une pomme bien serrée (pour savoir, on la tâte !).

Est-ce que je peux le faire ?

La laitue se cultive sous tous les climats. Dans les sols pauvres en humus, elle monte en graine sans former de pomme.

Elle se consomme principalement d'avril à octobre (d'octobre à avril dans le Midi). La laitue est sensible aux fortes gelées hivernales, à la chaleur et à la sécheresse. L'hiver, on peut la protéger avec un tunnel ou un châssis.

Démarrage de la culture

On démarre avec des graines ou des plants (voir le calendrier page 11). Choisissez vos variétés en fonction de la saison de récolte souhaitée. La laitue 'Appia' est polyvalente. Les romaines et batavias permettent de varier les goûts et les consistances, mais elles poussent plus lentement (cinq à vingt jours de plus) que les laitues classiques. Dans le Midi, on cultive des variétés adaptées à la chaleur, par exemple 'Sucrine'. Comptez trois semaines à un mois entre le semis et la plantation, deux mois entre la plantation et le début de la récolte.

Démarrer avec des graines ou avec des plants ?

Partir de graines revient souvent moins cher que d'acheter des plants, car un sachet permet d'avoir des dizaines, des centaines ou des milliers de plants. Avantage supplémentaire, vous avez un choix plus large de variétés.
Partir de plants achetés permet de gagner du temps et... parfois de l'argent si les graines sont chères et que vous n'avez pas l'usage d'un paquet entier.

Ces plants sont petits avec des racines peu développées, ils conviennent donc parfaitement.

LE BON GESTE

Je sème en pépinière

La pépinière est un bout de sillon consacré à la production de plants à repiquer. Avec 1 m, on a en général assez. En tirant légèrement la serfouette le long du cordeau, faites un sillon de moins de 1 cm de profondeur (dans le cas de la laitue). Si le sillon est trop profond, il n'y aura pas de germination. Semez en faisant tomber les graines dans le sillon de façon qu'il y en ait en moyenne une tous les 3 cm. C'est le point le plus délicat, surtout s'il y a du vent ! Recouvrez de terre à l'aide du dos du râteau, tassez à l'aide du même outil, et arrosez à la pomme sans excès, juste pour que la terre colle bien aux graines.

Il n'y a pas besoin d'outil pour planter des laitues.

LE BON GESTE

Je plante ou je repique ?

Si vous optez pour des plants achetés en mottes : évitez d'acheter des plants trop développés, visiblement trop vieux, dont les racines enveloppent les mottes. Plus ils sont petits, mieux c'est ! Préparez soigneusement le terrain comme pour un semis, tendez le cordeau et à l'aide de la main enterrez une motte tous les 25 cm. Laissez celle-ci dépasser de quelques millimètres. Tassez bien tout autour. Arrosez.
Si vous avez des plants « à racines nues », c'est-à-dire semés en pleine terre : arrachez les petites laitues (5 à 10 cm de haut) à l'aide d'un transplantoir, après les avoir arrosées pour que de la terre adhère aux racines. Si les feuilles font plus de 5 cm, raccourcissez-les en les déchirant, pour faciliter la reprise. Plantez à l'aide du plantoir, pas trop profond, de façon que le plant flotte au vent comme un petit drapeau. Tassez d'un second coup de plantoir, puis arrosez au goulot dans le trou. N'oubliez pas de répandre quelques granulés antilimaces (Ferramol) autour des plantations.

Sachez reconnaître les plantules de laitue pour ne pas les confondre avec des « mauvaises herbes » !

Associations de cultures

La laitue se marie bien avec toutes les autres plantes. Plantez-la entre des plantes à croissance lente et à espacées de 50 cm ou davantage (artichaut, chou, etc.).

Entretien

Binez et arrosez régulièrement, en pluie ou au goulot. Il est inutile de pailler.

Se cultivent un peu de la même façon

Chicorée rouge, chicorée 'Pain de sucre' : pour l'automne et l'hiver, semez en juin-juillet.
Chicorée frisée et scarole : pour l'été et l'automne, semez d'avril à juin. Pas de compost, ni de fumier juste avant.
Ces salades ont la particularité d'avoir un goût légèrement amer.

LE BON GESTE

J'arrose

Les besoins en eau des légumes sont élevés s'il fait chaud et sec et s'il y a du vent. Ils deviennent nuls par temps frais ou humide. Les sols légers (ressemblant à du sable) exigent des arrosages plus fréquents que les sols lourds, riches en argile, reconnaissables au fait qu'ils se craquèlent. En été, arrosez une ou deux fois par semaine, sauf s'il pleut : céleri, chou, concombre, courgette, haricot, laitue, melon, navet, oignon, pois, radis, scarole. Arrosez systématiquement lors de toute plantation (sauf l'ail, l'asperge, l'échalote, l'oignon, la pomme de terre, le topinambour). Évitez d'arroser en plein soleil. Préférez l'eau de pluie récupérée dans une citerne (voir page 24). Arrosez à l'arrosoir :

- en pluie sur les plantes : semis, salades diverses, petites plantes, jeunes plants très rapprochés ;
- au goulot au pied des plantes : grandes plantes, plants espacés.

Astuce

Si vous plantez des scaroles, sachez qu'elles pourrissent facilement s'il y a trop d'humidité. Pour éviter ce problème, espacez-les suffisamment (30 × 40 cm).

On arrose les salades en pluie.

Ces plants très espacés reçoivent l'eau à leur pied (arrosage « au goulot »).

La mâche est surtout une salade d'automne et d'hiver.

La mâche

La mâche est une petite salade très précieuse en automne et en hiver, car elle résiste bien au froid.

Le problème, avec elle, c'est qu'on n'en a jamais assez. Semez-en dès que vous avez un bout de terrain qui se libère ! Vous la récolterez en coupant les rosettes à la base.

Est-ce que je peux le faire ?

La mâche s'adapte à tous les climats.

Démarrage de la culture

1 On démarre avec des graines, après avoir fait un faux semis (voir « Le bon geste » page 76). En effet, la mâche poussant lentement, elle est facilement envahie par les mauvaises herbes.

Pour la mâche, inutile de travailler le sol. Un coup de râteau suffit. Entre juillet et septembre, tendez le cordeau puis creusez des sillons très peu profonds (0,5 cm maximum) avec le manche du râteau.

2 Semez en lignes espacées de 15 cm.

3 Recouvrez les lignes de semis de terre à l'aide du râteau.

Grâce au manche du râteau, les sillons sont réguliers et peu profonds.

Il faut en moyenne deux graines par centimètre de sillon. Donc, 1 g de graines permettra d'ensemencer 3 m de rang s'il s'agit de mâche à grosse graine, 5 m pour les autres variétés.

Recouvrez légèrement les graines.

4 Couvrez avec une fine couche d'herbe pour la protéger du dessèchement.

En ce qui concerne les variétés, sachez que la mâche à grosse graine produit plus que les autres, mais elle risque d'être détruite par le gel dans la partie nord-est du pays. Dans ces régions, préférez 'Verte à cœur plein', 'Verte de Cambrai', 'Ronde maraîchère', etc.

5 Arrosez en pluie.

LE BON GESTE

Je réalise un faux semis

Le but d'un faux semis est de limiter le développement des mauvaises herbes dans les cultures à levée lente, faible espacement et croissance longue, et qui sont donc particulièrement exposées. Deux semaines environ avant la date prévue pour le semis, préparez le terrain « comme si » vous alliez semer. Et vous ne semez pas ! Les graines d'adventices germent alors au bout de quelques jours. Deux ou trois jours avant de semer vos graines, lors d'une journée sèche et ensoleillée, griffez le sol d'un léger coup de râteau ou de croc à fumier, juste pour déraciner les plantules de mauvaises herbes. Elles sèchent et meurent. Semez (voir « Le bon geste », page 105), sans retravailler le sol. Attention : lors du griffage, ne remuez pas la terre à plus de 1 ou 2 cm de profondeur, pour éviter de faire remonter de nouvelles graines de mauvaises herbes à la surface.

4

Paillage du semis à l'aide de tontes de gazon sèches.

5

Arrosage en pluie.

Ces épinards seront bientôt bons à être cueillis.

On récolte les pousses de pourpier en les coupant avec les ongles.

Associations de cultures

Pour gagner de la place, vous pouvez semer de la mâche «à la volée» entre des rangs de poireaux. Passez juste un léger coup de griffe (outil à trois dents) pour recouvrir les graines.

Entretien

Arrosez et binez régulièrement s'il fait sec.

Se cultivent un peu de la même façon

Épinard : légume vert bien connu. Semez d'août à début octobre du 'Géant d'hiver', en espaçant les lignes de 25 cm. Il vous donnera 2 kg de belles feuilles par mètre carré pendant l'hiver.

Pourpier : petite salade d'été aux feuilles grasses, vert-jaune.

Roquette : petite salade au goût relevé que l'on peut semer durant toute la belle saison et qui pousse très vite.

Les haricots grimpants peuvent être associés au maïs.

Le maïs doux

En France, on le connaît davantage sous la forme de boîtes de conserves ou d'épis vendus sous plastique que dans le jardin. Quel dommage ! Le maïs est une grande plante qui produit un ou deux épis dont on consomme les grains frais.

Est-ce que je peux le faire ?

Le maïs craint les étés frais ! Il se récolte entre septembre et octobre.

Démarrage de la culture

On démarre avec des graines. Préférez une variété hybride F1, plus précoce que les variétés traditionnelles d'origine américaine. Certaines variétés sont dites « *supersweet* » (« super sucrées »).

En mai (avril dans le sud-ouest de la France), placez une graine tous les 30 cm dans des sillons de 2 à 3 cm de profondeur environ et à de 50 cm de distance. Les épis que vous récolterez correspondent à des fleurs femelles qui auront été fécondées par le pollen des fleurs mâles groupées en panicules au sommet de chaque plante. Groupez vos pieds de maïs au maximum pour favoriser la fécondation.

Associations de cultures

Voir la fiche du haricot, page 66.

Entretien

Passez un coup de binette entre les rangs après la levée. Arrosez s'il fait sec. Conservez les pousses qui apparaissent au pied.

LE BON GESTE

Je conserve mes graines

Attention, les semences de maïs ne se conservent guère au-delà d'un an, et elles sont plutôt coûteuses. Partagez vos sachets de graines fraîches avec des amis ! Quel que soit le légume, évitez les graines trop vieilles. Conservez vos graines au frais et au sec, en évitant les meubles et boîtes en bois aggloméré.

Durée de conservation des graines	Plantes potagères concernées
1 an	Panais.
2 ans	Maïs doux, oignon, pissenlit, poireau, pois.
3 ans	Haricot, persil.
4 ans	Carotte, épinard, fenouil, laitue, navet, piment, poivron, potiron, radis, tétragone, tomate.
5 ans et plus	Arroche, aubergine, bette, betterave, cardon, céleri, chicorées frisée et scarole, chicorées rouge et 'Pain de sucre', choux, concombre, cornichon, coqueret du Pérou, courges, courgette, endive, fève, mâche, melon, pâtisson, poirée (bette), pourpier, salsifis, scorsonère.

Conservation

En écartant un peu l'enveloppe qui protège le maïs, on vérifie que les grains sont d'un jaune bien soutenu et sont tendres sous l'ongle. Attention, si on tarde trop à cueillir, les grains durcissent. Ce phénomène est plus rapide s'il fait chaud et sec.

Les épis de maïs sont bons à consommer lorsque la barbe présente au bout de chacun d'eux noircit et que les enveloppes jaunissent. Ici, l'épi est encore un peu jeune.

Les grains doivent être bien pleins mais encore très tendres sous l'ongle.

Menthe verte fleurie.

La menthe

Plante aromatique vivace de grande longévité dont on consomme les feuilles. La partie aérienne disparaît pendant l'hiver. De nouvelles tiges se développent au printemps. Dans certaines circonstances imprévisibles, la menthe peut se montrer envahissante, dans d'autres, elle aura du mal à se développer !

Est-ce que je peux le faire ?

La menthe est insensible au froid. Sous climat à été sec, quelques arrosages lui seront favorables. Elle se consomme de mai à octobre.

Avec la menthe, on a l'embarras du choix des variétés.

Démarrage de la culture

On démarre le plus souvent au printemps avec un plant en godet acheté. Vous pouvez aussi prélever en toute saison un fragment de touffe ou de tige souterraine dans un jardin. Mettez en place de préférence au printemps, à 30 cm de toute autre plante, en bordure du potager. Pour une utilisation en cuisine, préférez la menthe verte à la menthe poivrée.

Se cultivent un peu de la même façon

Agastache fenouil : plante aromatique vivace peu connue, au parfum anisé et aux jolis épis roses. À découvrir ! Le semis de l'agastache est très facile.

Estragon : ses feuilles fraîches récoltées au printemps et en été aromatiseront les salades, le poulet.

Estragon.

Agastache fenouil.

Frais ou sec, rouge ou blanc, l'oignon est indispensable en cuisine.

L'oignon

On a toujours besoin d'oignons. Un seul mètre carré de potager peut en donner 2 kg. De plus, ce légume est facile à conserver. Récoltez l'oignon par temps ensoleillé et sec. Il suffit de tirer sur ses feuilles !

Est-ce que je peux le faire ?

L'oignon se cultive sous tous les climats. Ne le cultivez pas sur une parcelle ayant reçu du fumier ou du compost moins de six mois auparavant.
Sa période de consommation s'étend de juillet jusqu'à la fin de l'hiver.

Démarrage de la culture

1. Achetez un petit filet d'oignons à planter. Il faut moins de 100 g de plants pour ensemencer 1 m². Optez pour la variété 'Sturon'. Dans certaines régions, il y a des variétés locales très intéressantes. Adoptez-les en vous renseignant sur le cycle de culture.

2. En février ou mars, plantez tous les 10 cm sur une ligne, en tenant chaque plant pointe en haut entre trois doigts, puis en enfonçant juste assez pour que la pointe affleure. Espacez les rangs de 25 cm. N'ajoutez pas d'engrais. Ne tassez pas davantage les plants, car les oignons resteraient petits. N'arrosez pas à la plantation. Revenez quelques jours plus tard pour remettre en place les plants qui auraient été déterrés.

Plants d'échalotes et d'oignons.

LE BON GESTE

Je connais les dates-clés de l'année jardinière

Inutile de planter les oignons ou toute autre plante potagère, même réputée non frileuse, avant que le sol ne commence à se réchauffer et à se ressuyer. La date de cet événement est relativement fixe et dépend de la région : courant février dans le Sud-Ouest de la France, en mars dans le reste du pays.

Veillez à ce que la base des plants soit bien… en bas !

L'échalote, comme l'oignon, se plante simplement en enfonçant un peu le plant.

Associations de cultures

Semez des radis ou plantez des laitues à proximité des oignons.
Évitez le voisinage du pois, du haricot ou de la fève.
Ne cultivez pas l'oignon au même endroit moins de trois ans après l'ail, l'échalote, l'oignon ou le poireau.

Entretien

Binez régulièrement. Arrosez s'il fait sec au moment où les bulbes grossissent.

Conservation

Conservez vos oignons dans des cagettes, dans un endroit aéré, à température ambiante, par exemple une remise ou un garage.

L'oignon se conserve au sec et au frais.

Les oignons figurent en bonne place dans ce potager.

Oignon arrivant à maturité.

Se cultivent un peu de la même façon

Ail : plantez en novembre l'ail blanc ou l'ail violet, ou, de février à début mars, l'ail rose (de très bonne conservation).

Échalote : la variété 'Grise' est de saveur forte et se plante en automne. Les variétés rondes se conservent très bien et se plantent jusque début mai. Les échalotes demi-longues sont implantées en mars-avril.

Astuce

Vers juillet, lorsque les oignons acquièrent leur taille et leur coloration définitive, les feuilles ont tendance à se coucher. Favorisez ce phénomène en passant légèrement le dos du râteau sur les feuilles encore dressées. Cela activera la maturation des bulbes.

Avant d'être entreposés, les bulbes doivent sécher au soleil pendant quelques heures.

La gousse de certaines variétés de pois mangetout reste plate.

Le petit pois

Les petits pois sont des graines non mûres, donc tendres, enfermées dans des gousses, qui font suite à de jolies fleurs blanches. Leur culture est plutôt rapide : on compte 70 à 95 jours entre le semis et le début de la récolte. Plus il fait chaud, plus ça va vite !

Est-ce que je peux le faire ?

Dans les régions à été chaud et sec et hiver doux, on sème les pois à l'automne pour les récolter au début du printemps, car le pois souffre de la chaleur. Ailleurs, on sème en fin d'hiver ou au début du printemps (février à avril) pour le récolter en fin de printemps ou début d'été. Pas d'engrais, pas de compost, la plante n'est pas exigeante.
Ne manquez pas le bon moment pour la récolte ! Les petits pois doivent être très tendres tout en remplissant bien les gousses. On fait plusieurs cueillettes sur environ trois semaines. Après, les grains deviennent durs. Récolte et épluchage prennent beaucoup de temps.

Démarrage de la culture

On démarre avec des graines. Il y a des pois nains, qui ne dépassent pas 50 cm de hauteur, des pois grimpants ou « à rames », qui atteignent 1,50 m de hauteur, et des variétés intermédiaires. La variété naine de référence pour les semis d'automne et de début de printemps est 'Petit Provençal' (nain). Pour les semis plus tardifs, c'est 'Téléphone à rames'.
La boîte de graines classique de 500 g permet d'ensemencer au moins 40 m linéaires de rang, à raison d'une graine tous les 2 ou 3 cm en moyenne. Cela peut donner théoriquement 7 à 10 kg de grains (le double en gousses). Espacez les rangs de 50 cm pour des pois nains, 75 cm pour des pois grimpants. Creusez des sillons de 4 cm environ de profondeur.

Conservation
On peut congeler les grains préalablement blanchis.

Associations de cultures
Difficile à associer, sauf peut-être en faisant voisiner un rang de pois avec un rang de pommes de terre. Attendez au moins quatre ans avant de semer de nouveau des pois au même endroit.

Entretien
Passez un coup de binette entre les rangs après la levée. Buttez à l'aide d'une binette lorsque les plantes font 5 à 10 cm de haut (voir la fiche sur la pomme de terre, page 94). Placez ensuite des rames ou autres supports. Arrosez s'il fait sec.

Binage des fèves.

Treillage en fil de fer gainé en plastique en guise de rame.

On consomme les petits pois très frais, après les avoir écossés.

Astuce

Chaque plant de pois est une liane qui doit s'accrocher sur un support au moyen de vrilles. Piquez tout le long du rang de pois, au moment où ceux-ci atteignent 15 cm, des branches débarrassées de leurs feuilles. L'idéal est la branche d'orme, ramifiée en arête de poisson, ou à défaut celle de noisetier. Vous pouvez aussi faire grimper vos pois sur un treillage métallique de 1,50 m de hauteur (pois grimpants) ou utiliser des bordures en fil de fer gainé plastique de 30 à 50 cm de hauteur (pois nains).

Les rames doivent avoir été préalablement taillées en pointe.

Dans la partie nord-est de la France, les fèves doivent être protégées du gel par un tunnel en plastique.

LE BON GESTE

J'installe un tunnel en plastique

Il existe dans le commerce des tunnels en plastique rigide qui permettent de protéger les cultures frileuses contre les fortes gelées hivernales (chicorée, fève, laitue, pois). Au printemps, ils peuvent servir à forcer (accélérer) les premières cultures : laitue, pois, radis, etc. On gagne une ou deux semaines sur le calendrier. N'oubliez pas d'aérer en ouvrant aux extrémités lorsqu'il fait plus doux.

Se cultivent un peu de la même façon

Fève : on consomme les grains frais crus tant qu'ils sont tendres, à la croque-au-sel comme les radis, après les avoir débarrassés de leur peau, ou cuits en soupe dès qu'ils sont plus mûrs. La fève se sème en octobre-novembre pour une récolte en avril-mai. En dehors du Midi et de la bordure atlantique, il faut protéger les jeunes fèves durant l'hiver à l'aide d'un tunnel.

Pois mangetout ou pois gourmand : on consomme les gousses entières, juste écossées comme des haricots verts.

Espacez les plants de 12 cm.

Le poireau

La croissance du poireau est très lente. On commence à le récolter huit à neuf mois après le semis, quatre à cinq mois après la plantation, selon les variétés.

Est-ce que je peux le faire ?

Il se cultive sous tous les climats. Apportez un peu d'engrais organique avant la plantation.
On le consomme de novembre à mai pour les poireaux dits « d'hiver ». On récolte environ 2 kg de poireaux par mètre carré. Il existe également des poireaux d'été et d'automne, dont la période de consommation est plus courte.

Démarrage de la culture

Le plus facile est de démarrer avec des plants achetés.

1. En juin-juillet, plantez profondément à l'aide du plantoir.

2. Bornez en donnant un coup de plantoir juste à côté. Espacez les plants de 12 cm et les lignes de 30 à 40 cm.

Vous pouvez aussi tenter le semis, en pleine terre, courant mars. Avec 1 g de graines, semées sur environ 1,20 m de sillon (pépinière), vous obtiendrez 200 à 250 plants de poireaux, de quoi occuper 25 à 30 m de rang, ce qui est déjà beaucoup pour un potager de débutant ! Creusez un sillon de 1 cm de profondeur. Choisissez de préférence les variétés 'Bleu de Solaise' et 'Géant d'hiver'.

Les poireaux doivent être plantés profondément.

1

Le cordeau est tiré, la plantation peut commencer.

2

Bornage.

LE BON GESTE

Je prépare les plants

Coupez une partie du feuillage et des racines des plants de façon à avoir 2 cm de racines et des plants de 15 à 20 cm de long. Avant de planter, laissez sécher les plants de poireau préparés pendant deux à cinq jours sur le sol, à l'abri de la pluie. Ainsi endurcis et « désodorisés », ils attireront moins les insectes ravageurs. Le poireau est la seule plante potagère (avec le céleri) dont on raccourcisse les racines au moment de la plantation. En ce qui concerne l'élagage des feuilles, c'est une pratique qui concerne aussi les céleris, les choux, les laitues et les chicorées plantés « à racines nues ».

Avant de planter les poireaux, il faut en raccourcir les racines et les feuilles.

Céleri-rave : arrachez les feuilles du pourtour afin qu'il se développe mieux.

Astuce

Si vous voulez protéger vos poireaux contre la redoutable mineuse du poireau – insecte ravageur récemment apparu en France –, mettez en place un voile anti-insecte (voir la fiche sur la carotte, page 46) dès la plantation et jusqu'à la récolte.

Associations de cultures

Plantez vos poireaux en alternant les rangs ou doubles rangs avec autant de rangs de carottes.

Entretien

Binez et arrosez régulièrement. Paillez un mois après la plantation.

Se cultivent un peu de la même façon

Céleri-rave et céleri à côtes (céleri-branche) : semez en terrine ou en bac, à chaud, en mars. Repiquez sous châssis en avril-mai, à 10 cm d'espacement. Consommation en automne pour le céleri à côtes, en hiver pour le céleri-rave (à protéger du gel avec une couche de feuilles mortes).

Trois bonnes variétés de pommes de terre.

La pomme de terre

On ne présente plus la pomme de terre, légume le plus consommé sur la planète ! On mange ses tubercules (tiges souterraines renflées) arrivés à maturité, après cuisson.

Est-ce que je peux le faire ?

Ce légume est souvent victime d'insectes et de maladies. Il se cultive sous tous les climats.
Sa culture demande de la place : par exemple, si vous voulez disposer de 1 kg de pommes de terre chaque semaine pendant un an, il vous faudra consacrer 20 m^2 à cette culture si la terre est plutôt ingrate ou la variété peu productive, ou 10 m^2 si la variété est productive et la terre bonne. La terre est occupée pendant trois à quatre mois.
La pomme de terre se consomme de juin à mai, selon les variétés et les conditions de conservation.

Démarrage de la culture

On démarre avec des plants (qui sont en réalité des tubercules germés) achetés, en avril (mars dans le Sud-Ouest de la France), et on récolte de juin à août (mai à juillet dans le Sud-Ouest).
Un plant de pomme de terre donne, selon la variété et le terrain, 500 g à 1 kg de tubercules. Le choix de la variété est très important. Il dépend notamment de votre goût et de ce que vous voulez faire des pommes de terre (voir page 97).

1 Pour planter des plants de pommes de terre, il n'est pas nécessaire d'avoir une terre très affinée, ni très « propre ». Il peut y avoir des mottes, des racines, des feuilles non décomposées, etc. Nivelez la terre avec un croc, puis tendez un cordeau.

Les plants de pomme de terre, le plantoir et la règle.

2 Placez un plant tous les 30 cm, en vous aidant d'un plantoir à bulbes – il a juste la bonne profondeur ! – et d'un bout de bois de 30 cm de long. Une fois chaque plant déposé au fond du trou, rebouchez avec la terre enlevée, sans tasser, ni arroser. Si vous faites d'autres rangs, espacez-les de 60 cm.

Pour planter, aidez-vous d'un plantoir à bulbes.

LE BON GESTE

Je protège mes cultures contre les maladies

La pomme de terre est, avec la tomate, l'une des plantes potagères les plus sensibles aux maladies. La plus grave est sans doute le mildiou, qui se manifeste par des taches noires sur le feuillage, les tiges et les fruits. Le remède préventif utilisé en culture bio est la bouillie bordelaise, produit à base de cuivre, facile à trouver. Équipez-vous d'un petit pulvérisateur « à pression préalable » (on pompe avant de pulvériser). À partir de juin (mai dans la partie sud-ouest du pays), pulvérisez toutes les semaines une solution faiblement dosée à 2 g de poudre par litre d'eau, ce qui permet de traiter 10 m² de pommes de terre. Si vous avez préparé trop de liquide, conservez-le dans le pulvérisateur (voir « Je soigne mon potager avec des plantes », page 37).

Il suffit d'un petit pulvérisateur « à pression préalable ».

LE BON GESTE

Je butte

Butter consiste à ramener de la terre au pied des plantes. Cela sert à soutenir les tiges, à éviter qu'elles ne se couchent. En ce qui concerne les pommes de terre, le buttage crée un volume de terre meuble dans lequel les tubercules peuvent se développer. Avantages supplémentaires, les mauvaises herbes sont détruites et la récolte est facilitée. En pratique, on emploie une houe. On attend que les pommes de terre atteignent environ 20 cm de hauteur. On commence par un côté du rang, en se plaçant de l'autre côté de façon à tirer l'outil vers soi, lame presque parallèle au sol.

Le buttage présente beaucoup d'avantages.

Choix des variétés

Lorsque vous achèterez vos plants, fiez-vous aux tableaux affichés sur les lieux de vente, ou aux informations données par les catalogues. Informez-vous aussi auprès de jardiniers expérimentés, car les variétés sont plus ou moins adaptées aux différentes régions de l'Hexagone. Voici quelques exemples de variétés :

- **Amandine :** variété à chair ferme, donc plutôt destinée à être cuite à l'eau dans sa peau (25 min, pas plus), pour être ensuite consommée telle quelle, en salade ou sautée, après avoir été épluchée et découpée en rondelles. Très précoce, elle vous donnera des pommes de terre primeurs à partir du 70e jour suivant la plantation. En revanche, elle ne se conservera guère plus de trois mois, après quoi elle ramollit. Elle est peu résistante au redoutable mildiou, ce qui n'est pas trop grave compte tenu de sa rapidité de développement.
- **Charlotte :** une autre variété à chair ferme, réputée pour sa polyvalence en cuisine. On peut en faire des frites. Elle est relativement précoce (trois mois entre plantation et récolte), productive, résistante au mildiou, de bonne conservation (quatre à cinq mois). Bref, si vous ne deviez en cultiver qu'une, ce serait elle !
- **Résy :** c'est ce qu'on appelle une « chair tendre », ni ferme, ni farineuse, pour tous les usages culinaires, sauf la friture. Elle est précoce (trois mois entre plantation et récolte), productive, résistante au mildiou, et se conserve six mois en cave.
- **Désirée :** une pomme de terre plutôt farineuse, avec laquelle on fait d'excellentes frites, des purées, des soupes, etc. Plus tardive que les précédentes, il lui faut 120 jours de végétation entre la plantation et la récolte. Elle se conserve huit mois et résiste bien au mildiou.

Associations de cultures

La pomme de terre n'est pas très facile à marier ! Si vous avez semé des fèves ou des petits pois, placez-la à côté, en laissant suffisamment de place (60 cm). Attendez quatre ans avant de replanter des pommes de terre au même endroit.

Entretien

Binez dès que les feuilles pointent le bout de leur nez. S'il fait plutôt froid, binez par temps couvert. En effet, si le ciel est clair, le binage augmente le risque de voir le feuillage des pommes de terre griller à cause du gel nocturne !

Quelle que soit la sensibilité au mildiou de la variété que vous cultivez, il est prudent de traiter préventivement contre cette maladie (voir la fiche sur la tomate, page 110).

Si vous voyez apparaître des larves orange auxquelles succèdent des insectes rayés jaunes et noir, ramassez-les et détruisez-les. Ce sont des doryphores, qui dévorent les feuilles.

Les pommes de terre sont bonnes à récolter lorsque les feuilles commencent à s'abîmer, ce qui se produit au bout d'un certain nombre de jours après la plantation, en fonction de la variété. Une pomme de terre mûre se détache facilement du pied.

L'idéal, c'est d'utiliser le croc spécial « à pommes de terre », à deux dents. Avec le croc à fumier, vous risquez de transpercer les tubercules, et avec la bêche à dents, c'est pénible.

Enfoncez d'un coup, obliquement, le croc sous le pied et tirez. Les pommes de terre apparaissent. Laissez-les sur le terrain une journée avant de les rentrer en cave ou, mieux, dans un endroit obscur mais aéré, à température ambiante. Dans ce cas, vous les rentrerez en cave à l'automne. Jetez les fanes au compost ou laissez-les se décomposer sur le terrain.

Conservation

Stockez vos pommes de terre au frais (mais pas au-dessous de 4 °C) et à l'obscurité. Des pommes de terre exposées à la lumière prennent une teinte verdâtre, un goût amer, et sont toxiques. L'idéal est une cave.

Se cultive un peu de la même façon

Topinambour : c'est à la fois une grande plante (3 m de haut), pouvant tenir lieu de haie en bordure de potager, et un tubercule délicieux au goût d'artichaut. Plantation en avril, récolte en hiver, conservation en pleine terre. Insensible au gel.

Investissez dans un croc à deux dents, adapté à la récolte des pommes de terre.

Les feuilles des pommes de terre sont jaunes, les tubercules sont donc mûrs.

Le topinambour n'est pas digéré par tous les estomacs, pour des questions enzymatiques.

Les potirons font partie de la grande famille des courges.

Le potiron

La famille des courges comprend, outre les potirons, les courges proprement dites, les courges musquées, les courgettes, les pâtissons et quelques autres beaucoup plus rares.

Les «potimarrons» sont des potirons d'origine japonaise au goût de châtaigne. Les «citrouilles» peuvent être selon les cas des potirons (variétés traditionnelles françaises à chair aqueuse) ou des courges. Pas toujours simple de s'y retrouver!

Le potiron, plante «coureuse», développe au cours de l'été de longues tiges rampantes. Les fleurs, qui prennent naissance à l'aisselle des feuilles, sont de deux sortes :

- les fleurs femelles, qui présentent une boule – le futur fruit – à la base de la corolle ;
- les fleurs mâles, qui ne présentent pas de boule, et qui apparaissent juste avant les fleurs femelles sur le plant de potiron.

Est-ce que je peux le faire ?

Le potiron se cultive sous tous les climats. Il lui faut de la place : au minimum 1,5 m × 1,5 m pour un seul pied.

Il se consomme d'octobre à décembre, parfois plus tard. Attention : il est encombrant à stocker après récolte. Il nécessite une température de 10 à 20 °C, avec une bonne aération.

Astuce

Pour gagner de la place, plantez un potiron au pied de votre tas de compost et laissez-le grimper dessus. Grâce à ses vrilles, la plante peut même s'accrocher toute seule à une structure en bois !

Démarrage de la culture

On démarre avec des graines ou des plants achetés, en avril ou mai, pour avoir des potirons à l'automne suivant.

Le potiron est une plante frileuse, ne poussant pas s'il fait moins de 16 °C. Entre le semis d'une graine de potiron et la récolte d'un fruit mûr, il doit y avoir nécessairement quatre mois de belle saison. Conclusion : il ne faut pas semer trop tôt... ni trop tard.

Semez dans des godets remplis de terreau vers la mi-avril (mi-mars dans le Sud-Ouest de la France) ou en pleine terre vers la mi-mai (mi-avril dans le Sud-Ouest).

Un plant de potiron donne, selon la variété, deux à cinq fruits. Certaines variétés ont de très gros fruits (20 kg voire davantage) et d'autres de très petits (moins de 2 kg). Le problème des gros fruits, c'est qu'une fois entamés, ils ne se conservent que

Le potiron, comme la capucine, peut orner le bac à compost.

Des potirons ont été associés au maïs.

quelques jours et il faut donc les consommer très vite. Pour les variétés, essayez 'Rouge très hâtif d'Étampes' (très gros fruit, chair aqueuse), 'Vert olive' (3 kg, chair épaisse), « potimarrons » ('Red Kuri', 'Blue Kuri', 'Kabocha', etc., 2 kg, chair épaisse et sucrée).

Associations de cultures

La plante, très exubérante, est difficile à associer. Plantez éventuellement un pied de potiron parmi vos maïs.

Ici, le paillis est constitué de compost.

LE BON GESTE

Je pratique la rotation des cultures

Évitez de planter des potirons là où il y a eu des concombres, des courges, des courgettes, des melons ou des potirons – toutes de la famille des cucurbitacées – l'année d'avant. Ce principe est valable pour de nombreuses cultures qui ne supportent pas d'être répétées trop souvent sur la même parcelle. Cela conduit à faire tourner les cultures dans le potager selon le principe des rotations. Pour éviter des erreurs, notez tout ce que vous faites dans un agenda. Et photographiez l'ensemble de votre jardin à plusieurs reprises chaque année, par exemple en mai et en septembre. Cela vous servira de mémoire !

Ce potiron 'Vert olive' reste vert à maturité.

Entretien

Paillez. Arrosez au goulot s'il fait sec. Le potiron est bon à récolter lorsque les feuilles s'abîment et que les fruits prennent un reflet mat. En général, cela se produit en septembre ou octobre. Cependant, la couleur du potiron à maturité dépend de la variété, même si tous sont verts au début de leur croissance. Certains potirons deviennent rouges, d'autres orange, jaunes, vert clair, vert foncé, bleus, gris, blancs, etc.

Conservation

Le potiron cru, découpé en morceaux, peut se congeler.

Se cultivent un peu de la même façon

Courges proprement dites (peu coureuses) : 'Acorn', 'Sweet Dumpling', etc.

Courges musquées (coureuses) : 'Butternut', 'Muscade de Provence', etc.

Astuce

Le plant de potiron coureur développe une tige principale. Pincez-la entre le pouce et l'index (ou coupez-la au sécateur) juste au-dessus de la deuxième feuille. Cela l'obligera à développer des pousses latérales qui donneront plus vite (et moins loin !) des fleurs femelles et donc des fruits. Quand un fruit est formé, vous pouvez couper la tige qui le porte en laissant juste deux feuilles au-delà de chaque fruit.

Le pincement oblige la plante à se ramifier.

Radis demi-longs.

Le radis

Le légume préféré des débutants et des impatients ! Le radis pousse en quatre à six semaines seulement.

Est-ce que je peux le faire ?

On le consomme d'avril à octobre, et il pousse sans difficulté. Comme pour toutes les plantes à petites graines, prenez bien soin de ne pas semer trop profond.

Démarrage de la culture

On démarre avec des graines, semées en ligne tous les mois, de mars à septembre. Pour les variétés, essayez : 'Flamboyant' (demi-long), 'National' (rond, goût piquant), 'Glaçon' (blanc, long). Attendez quatre années avant de planter de nouveau des radis, des navets ou de l'engrais vert au même endroit.

Associations de cultures

Mélangez quelques graines de radis à celles de carotte ou de panais.

Entretien

Pour être bon, le radis doit pousser vite, et pour cela, il faut l'arroser régulièrement. Épandez des feuilles odorantes (voir la fiche sur la carotte, page 46) pour repousser les altises, petits insectes qui perforent les feuilles des radis.

Se cultive un peu de la même façon

Radis d'hiver : gros radis à peau noire ou violette, qui se consomme cru, épluché et découpé en rondelles. Saveur forte. Semez en juillet pour une consommation à partir d'octobre. Ne laissez qu'une plante tous les 15 cm. Conservez en place ou en cave (voir la fiche sur la carotte, page 46).

LE BON GESTE

Je sème en ligne

Préparez le terrain (voir « Les étapes de la préparation », page 20) et ratissez-le soigneusement juste avant de semer. Inutile de préparer plus que la surface nécessaire. Tendez un cordeau. En tirant légèrement la serfouette le long du cordeau, tracez un sillon plus ou moins profond selon la taille des graines. Pour les radis ronds : 1 cm. Pour les radis longs ou demi-longs : 2 cm. Pour la plupart des cultures à faible développement, l'espacement entre les lignes est de 20 à 25 cm. Refermez le sillon avec le râteau à l'envers pour tasser un peu la terre autour des graines (plombage).

Dans la rhubarbe, on consomme les pétioles.

La rhubarbe

Légume vivace de grande longévité dont on mange les pétioles, à la saveur acidulée, cuits en marmelade ou confiture. En hiver, les feuilles, qui sont d'ailleurs toxiques, disparaissent. Il reste la souche.

Est-ce que je peux le faire ?

La rhubarbe réussit mal là où l'été est très sec et chaud (Midi et bordure atlantique). En revanche, elle est insensible au froid.

Elle se consomme d'avril à juin. Arrêtez lorsque les pétioles deviennent durs et filandreux.

Démarrage de la culture

On démarre avec un éclat de souche prélevé sur un pied de rhubarbe (voir « Le bon geste », page 107) car les petits plants achetés en godets mettent de nombreuses années à se développer.

Associations de cultures

Placez la rhubarbe, encombrante, en bordure ou à l'écart du potager.

Entretien

Enlevez éventuellement les tiges florales (fleurs blanchâtres).

Se cultive un peu de la même façon

Oseille : ses feuilles récoltées au printemps servent à faire des sauces et des soupes.

LE BON GESTE

Je pratique la division de souche

En février-mars, sur un vieux pied de rhubarbe, découpez des morceaux de souche pourvus d'au moins un bourgeon chacun et de racines. Utilisez pour cela une bêche plate. Plantez ensuite les éclats à 1 m les uns des autres en faisant en sorte que les bourgeons soient au ras du sol. Cette méthode s'applique aussi à l'artichaut, à la ciboulette, à l'estragon, à la livèche, à la menthe, à l'oseille et au raifort.

Pour prélever des éclats, utilisez une bêche plate.

Voici un pied de rhubarbe prêt à être replanté. Il y a des racines et des bourgeons.

Pour replanter un éclat, n'attendez pas que les feuilles soient trop développées.

Thym d'hiver en fleur.

Le thym

Plante aromatique arbustive de grande longévité, mais ne dépassant pas 20 cm de haut, dont on consomme les feuilles. La partie aérienne ne disparaît pas pendant l'hiver, car la tige est ligneuse et le feuillage persistant.

Est-ce que je peux le faire ?

Il se cultive sous tous les climats, même les plus secs et s'adapte à la culture en pot ou en jardinière.
Il se consomme toute l'année et se sèche très facilement : il suffit de casser ou couper une branche et de la laisser à l'air libre dans la cuisine.

Démarrage de la culture

On démarre le plus souvent avec un plant en godet acheté. Mettez en place de préférence au printemps, à 30 cm de toute autre plante, pour qu'il ait assez de place, en bordure du potager, ou dans une plate-bande proche de la maison. Il existe différentes variétés :

- le thym proprement dit, poussant spontanément dans les garrigues du Midi, le plus parfumé. Convient pour aromatiser tous les plats en sauce et les grillades ;
- le thym d'hiver, au feuillage plus fourni que le précédent, mais dont les usages sont les mêmes ;
- le thym citron, au parfum spécifique convenant mieux au poisson.

Association de cultures

Plantez éventuellement le thym près d'un rosier. Il le protègera des pucerons.

On plante en général un plant élevé en godet.

Astuce

Si la motte du plant est comme emmaillotée par les racines (« chignon »), entaillez-la avant de planter afin de faciliter le développement de nouvelles racines dans la terre.

Se cultive un peu de la même façon

Sarriette : mêmes usages que le thym. Elle se marie bien également aux salades d'été, ainsi qu'à la fève, au pois chiche et au haricot sec.

L'arrosage assure le contact entre la motte et la terre.

Entaillez la motte avant de planter afin de libérer les racines.

Comme beaucoup de plantes aromatiques, la sarriette attire les papillons.

La tomate

Elle est l'une des cultures les plus attrayantes pour le débutant ! On peut faire pousser dans un tout petit potager de délicieuses tomates de toutes les couleurs. Attention, la croissance de la plante est plutôt lente. On commence à récolter quatre à cinq mois après le semis, deux à trois mois après la plantation selon les variétés.

Est-ce que je peux le faire ?

Pour pousser, la tomate a besoin d'eau, mais surtout de soleil. On réussit à la cultiver plus facilement dans les régions à étés chauds et secs, et en situation abritée (ville).

Elle se consomme de juillet à septembre (juin à octobre dans la partie sud-ouest de la France).

Démarrage de la culture

Le plus facile est de démarrer avec des plants achetés. Espacez vos plants de 50 cm.

Vous pouvez aussi tenter le semis dans une caisse à poisson en polystyrène, une terrine ou tout autre récipient analogue rempli de terreau pour semis. En février (Sud-Ouest de la France) ou mars (Nord-Est), déposez une graine tous les 3 cm et, à la fin, recouvrez d'un demi-centimètre de terreau. Placez près d'une fenêtre de la maison. Quand les plants font 10 cm de haut, repiquez-les sous un châssis ou un tunnel, où ils resteront jusqu'à la mise en place définitive en pleine terre.

Parmi les variétés rouges traditionnelles, signalons 'Marmande hâtive', côtelée, plate, très précoce, et 'Saint-Pierre', ronde, plus tardive. Pour la qualité gustative, nous recommandons : 'Green Zebra', 'Rose de Berne' (tardives), 'Noire de Crimée' (précoce).

Choisissez des plants vigoureux, bien verts et compacts.

On utilise le transplantoir pour creuser un trou de 10 à 15 cm de profondeur. Puis on enterre le plant couché, jusqu'aux premières feuilles.

Après avoir rebouché le trou, on appuie avec le pied tout autour du plant pour tasser la terre.

Semis en terrine.

Astuce

Si vous voulez protéger vos tomates contre le mildiou – maladie la plus grave pour ces plantes –, évitez d'arroser les feuilles et construisez-leur un abri en verre ou en plastique transparent afin qu'elles ne soient pas mouillées par la pluie… tout en continuant à recevoir le soleil.

Pieds de tomate protégés par des abris en plastique.

Le tuteur est solidement enfoncé à côté du pied de tomate, que l'on fixe avec du raphia.

LE BON GESTE

Je tuteure mes tomates

La tomate fait partie de ces plantes un peu molles qui auront tendance à se coucher sous le poids des fruits ou sous l'effet du vent. Pour remédier au problème, à la plantation ou peu après, piquez auprès de chaque pied de tomate un bâton bien rigide, taillé en pointe à la base, de 1,50 m de haut. Vous y attacherez la tige des tomates au fur et à mesure de sa croissance.

Dans ce grand potager, le tuteurage des tomates revêt une forme originale. On peut aussi opter pour la forme en tipi.

LE BON GESTE

Je taille et pince mes tomates

Au cours de la croissance de la tomate, de petites pousses apparaissent à l'aisselle des feuilles. On les appelle « gourmands », car si on les laisse se développer, ils donneront de véritables tiges qui concurrenceront la tige principale. Pincez ces gourmands entre le pouce et l'index, ou coupez-les à l'aide d'un couteau s'ils sont déjà gros. N'hésitez pas à enlever ces tiges excédentaires, même déjà fleuries. Si les feuilles de la base de vos pieds de tomates s'abîment, coupez-les également. En revanche, il est inutile d'enlever des feuilles saines.

Je connais les dates-clés de l'année jardinière

Les plantes d'origine tropicale (tomate, mais aussi aubergine, poivron, pomme de terre, courges, potiron, concombre, melon, etc.) sont sensibles au froid. Une petite gelée peut les détruire. Ne mettez pas de plants en pleine terre (sans abri) avant une certaine date, celle au-delà de laquelle il n'y a statistiquement plus aucune chance pour que la température descende au-dessous de 0 °C. Dans le Nord-Est de la France et en altitude, cette date se situe autour de la mi-mai (les fameux « Saints de glace »). Dans le Sud-Ouest, on peut planter dès la mi-avril.

Les gourmands encombrent le pied de tomate si l'on n'y prend garde.

Taille d'un gourmand.

Associations de cultures

Plantez des céleris et du basilic près des tomates. Dans le Sud-Est, vous pouvez planter des tagètes ou des œillets d'Inde pour les protéger contre les acariens, les mouches blanches, les pucerons.

Entretien

Binez et arrosez régulièrement. Paillez un mois après la plantation.

Conservation

On cueille la tomate quand elle est passée du vert à la coloration propre à la variété (souvent rouge, mais parfois blanche, jaune orange, noirâtre, rose, vert-jaune...). Si elle a commencé à se colorer, sa maturation peut se poursuivre après la cueillette. Les tomates mûres se conservent plusieurs jours à température ambiante ou au frais. Un pied de tomate peut donner 2 à 4 kg de fruits.

Se cultivent un peu de la même façon

Aubergine, piment et poivron : ont besoin de plus de chaleur que la tomate.

Coqueret du Pérou : ses fruits acidulés, jaune orange, enfermés dans une « lanterne japonaise » membraneuse, sont très à la mode pour accompagner les desserts.

Astuce

Au lieu de jeter les pousses de tomates au compost, disposez-les sur les choux ou parmi les navets et radis. Leur odeur repousse les insectes nuisibles.

Piment.

Certaines variétés de bettes sont très décoratives.

Et tous les autres…

Arroche : sorte d'épinard dont la culture a été délaissée (sauf en montagne). L'arroche monte vite en graines. Joli feuillage jaune citron ou rouge sombre.

Asperge : vous y viendrez si vous avez un jour un grand potager et du temps à consacrer à cette plante. En effet, si vous voulez obtenir des asperges blanches ou violettes, il vous faudra butter puis débutter la plantation chaque année. Si vous préférez l'asperge verte, d'un goût différent, vous ne butterez pas, mais devrez soigneusement désherber et/ou mulcher. Asperge verte et asperge blanche proviennent de la même plante conduite différemment. Une plantation d'asperges dure de nombreuses années, mais elle met deux à trois ans avant de produire.

Bette (ou poirée) : facile à vivre (semis en place d'avril à juillet, éclaircissage à 35 cm). Deux ou trois pieds suffisent. Consommez à l'automne feuilles et pétioles (« côtes ») après les avoir découpés en gros morceaux et cuits à l'eau bouillante salée pendant 30 min. Recouvrez de sauce béchamel et faites gratiner.

Cerfeuil tubéreux (ou bulbeux) : légume ancien de culture aussi délicate que sa saveur, dont on consomme la racine.

Crosne : ce petit tubercule blanchâtre, d'aspect tarabiscoté, se rapproche du topinambour. Sa récolte et sa préparation ne sont pas des plus faciles.

Endive : cette salade bien connue se cultive en deux temps, ce qui complique sa production. On sème en mai pour obtenir à l'automne de belles racines. Débarrassées de leurs feuilles (sauf 2 cm au-dessus du collet), celles-ci sont soit laissées dans le potager, sous une butte de terre ou un tas de feuilles mortes, soit transférées en cave, dans un récipient maintenu à l'obscurité. La nouvelle pousse de feuilles – blanches car privées de lumière – est l'endive que l'on consomme.

Oignon blanc : c'est l'oignon primeur dont on consomme au printemps les feuilles vertes et les petits bulbes blancs. À semer en août-septembre pour le repiquer en octobre-novembre.
Pissenlit : bien souvent, il pousse dans le potager sans y avoir été invité ! Il existe des variétés « améliorées », à semer au moment où les pissenlits sauvages forment leurs célèbre boules de parachutes blancs.
Poire-melon : un très joli fruit porté par une grande plante genre tomate. Sa saveur est plus ou moins appréciée.
Rutabaga : un cousin du navet et du chou-rave, célèbre légume de guerre, également fourrager. Très facile à cultiver. On le sème en juin.

Poire-melon.

Après la récolte, l'asperge devient une plante de belle taille.

Lexique

Annuelle : une annuelle est une fleur qui ne vit qu'une seule saison.
Blanchir : plonger des légumes brièvement dans l'eau bouillante salée ou citronnée.
Campagnol : petit rongeur aux mœurs souterraines souvent appelé par erreur « mulot ».
Cotylédons : organes de forme ovale apparaissant lors de la germination.
Décoction : préparation qui consiste à faire bouillir des plantes dans de l'eau pendant plusieurs minutes.
Éclaircissage : opération qui consiste à arracher les plantes excédentaires suite à un semis trop dru. On attend, pour le faire, que les plantes aient développé une ou deux feuilles en plus des cotylédons.
Humus : substance de couleur sombre, issue de la transformation de débris végétaux, qui confère au sol sa fertilité.
Œilleton : pousse qui apparaît en périphérie d'une touffe existante.
Parasite : organisme vivant aux dépens d'un autre, appelé « hôte ».
Plantules : petites plantes juste après la germination.
Prédateur : animal se nourrissant de proies qu'il chasse.
Repiquer : planter temporairement pour faire grossir des plantes avant de les mettre en place.
Rhizome : tige souterraine.
Vivace : fleur qui vit plusieurs années.

Bonnes adresses

La plupart des produits et outils mentionnés dans le présent livre sont proposés dans les points de vente jardin, ainsi que sur Internet :
http://www.magellan-bio.fr/
http://www.jardinage-bio.com/

Biobêche, grelinette et outils analogues :
http://www.solvivant.fr/outils/biobeche-le-gal
http://www.com-nature.com/grelinette/index2.htm

Formations

Terre Vivante organise des stages de jardinage bio.
www.terrevivante.org

Index

Déjà parus aux éditions Terre vivante

Je réussis mon compost et lombricompost
Ludovic Martin, Pascal Martin et Éric Prédine

J'aménage une mare naturelle
Gilles Leblais

Je multiplie les plantes du jardin
Brigitte et Serge Lapouge

Je construis un muret de pierres
Serge Lapouge

Le guide du jardin bio
Jean-Paul Thorez et Brigitte Lapouge

Pucerons, mildiou, limaces... Prévenir, identifier, soigner bio
Jean-Paul Thorez

Compost et paillage au jardin
Denis Pépin

Une bonne terre pour un beau jardin, paillage, engrais verts, grelinette...
Rémy Bacher et Blaise Leclerc

Produire ses graines bio
Légumes et fleurs
Christian Boué

Plantes compagnes au potager bio
Le guide des cultures associées
Jean-Paul Thorez et Sandra Lefrançois

> Découvrez les autres titres édités par Terre vivante sur le bien-être et l'alimentation, le jardinage biologique, l'écologie pratique au quotidien et l'habitat sain sur **www.terrevivante.org**

Terre vivante a réalisé la première Analyse de cycle de vie (ACV) d'un livre en France. Terre vivante est également partenaire de l'expérimentation nationale de l'affichage des caractéristiques environnementales sur les produits de consommation conduite par le groupement Scoredit. Découvrez ci-dessous l'impact écologique de ce livre.

IMPACT-ÉCOLOGIQUE
www.scoredit.fr

PIC D'OZONE	3 mg eq C_2H_4	Pour une page A4
RESSOURCES NON-RENOUVELABLES	66 mg eq Sb	
CLIMAT	8 g eq CO_2	

Cet imprimé participe à l'expérimentation nationale sur l'affichage environnemental.

Pour comprendre les enjeux écologiques, accédez au document *Fabriquer des livres, quels impacts sur l'environnement ?* sur www.terrevivante.org

Imprimé en région Rhône-Alpes, sur papier certifié, fabriqué à partir de pâte à papier issue de forêts exploitées en gestion durable.
L'encre utilisée est à base d'huiles végétales.
L'imprimerie adopte une démarche environnementale progressiste validée par la marque Imprim'vert.

Achevé d'imprimer en France en mai 2015
par l'imprimerie Chirat (Saint-Just-la-Pendue)
N° 201504.0348 - Dépôt légal : février 2012

PEFC™ 10-31-1895

IMPRIM'VERT votre imprimeur agit pour l'environnement